KB029148

하루 영어 5 문장

Jacob Um

nobook

Preface

이 책은 문장을 외우는 것이 아닌, 하고 싶은 말을 자연스럽게 연결하여 말할 수 있도록 도와주는 것에 집중했습니다. 기본적인 개념과 실생활에서 사용하는 단어들을 숙지하면서, 이와 관련된 실생활 예제로 연습할 수 있도록 내용을 구성했습니다.

이 책은 다음과 같은 수강생을 위해 제작되었으며, 초급부터 중급 레벨까지 넓은 범위의 수강생들을 위한 책입니다.

이 책을 통해 영어 공부를 하고자 하신다면, 먼저 다음과 같은 문제점을 가지고 있는지 확인하길 바랍니다.

1. 문장을 머릿속으로 다 만들고 나서 말한다.
2. 자신이 말하는 문장이 짧거나, 매번 같은 패턴의 문장을 사용한다.
3. 영어 숙어 표현은 이해하기보단 그냥 외운다.
4. 아직도 영어와 한국어가 다르다고 생각한다.

위의 문제점들은 필자가 가르쳐 온 수강생들이 보인 공통적인 문제점들이기도 합니다. 영어 학원과 전화 영어, 원어민과의 1:1 강의에서는 고쳐주지 않는 기본적인 문제점들을 하나씩 발견하고 고쳐 나가길 바라며, 만약 위와 같은 문제로 영어에 대한 두려움이 있었다면, 이 책을 활용하고 강의를 수강하길 적극 추천합니다.

이 책은 여러 수강생들이 겪고 있을 문제점들을 개념부터 바꾸기 위해 만들어졌기 때문에, 수강생이 현재 말하는 패턴과 다를 수도 있습니다. 이는 이 책에 서술되어 있는 내용을 아직 이해하지 않았기 때문에 발생한다고 보면 됩니다. 그러므로 지금부터 차근차근 영어에 대한 개념부터 바꿔 나가길 희망합니다.

이 책을 마치고 나면, 영어 문장을 구성하는 능력이 향상되고 말하는 패턴과 표현이 원어민과 가까워질 것입니다. 시험 준비 및 취미로 영어를 배우는 사람까지 다른 강의를 듣기 전에, 여기에 수록된 내용들을 본인의 것으로 체득하길 바랍니다.

2021년 11월 15일

Jacob Um(엄 현 수)

책을 100% 활용하는 법

개념 이해

이 책 속의 설명은 지금까지 필자가 해온 강의 내용과 동일합니다. 개념 이해를 위해 설명을 천천히 읽어본 후 그 뒤에 나온 간단한 예문들을 통해 해당 개념의 활용법을 이해해 보세요.

예제 활용법

모든 예제는 영어 문장을 말하기 위한 문장으로 직역에 가깝거나, 표현이 영어 개념에 바탕해 있을 수 있습니다. 때문에 한국어로는 어색한 감이 있을 수도 있지만, 영어 표현을 이해하기 위한 조치였으니 이 점을 감안하고 봐야 합니다. 또한 의역이 필요한 문장들과 문장이 복잡한 경우 challenge로 표시했습니다.

더욱 중요한 점은 단어와 글자에만 집중하여 문장을 만들지 않고, 한 문장 한 문장 어떤 상황에서 사용할 수 있을지 생각하며 말해보길 바랍니다.

예제는 해당 내용에서 배운 내용을 순서대로 나열하지 않고 일부러 섞어서 문장을 배치했습니다. 즉, 세분화하여 예제를 배치하기보다는 큰 틀에 맞춰 배열했기 때문에 답안지와 맞춰봤을 때 본인이 얼마나 내용을 정확히 이해했는지 확인할 수 있습니다.

Tip.

팁은 2가지 역할을 합니다. 첫 번째는 문법 개념 이해를 위한 도움말로 설명에 대한 이해가 힘들 때 보면 도움이 될 것입니다. 두 번째는 예제에서 다루지 않았지만 실생활에서 자주 사용하는 표현들을 수록했습니다. 이 도움말들은 소주제로 생각하여 해당 개념에 대한 연습 문장도 꼼꼼히 읽어보고 말해 보기 바랍니다.

언어를 공부할 때의 조언

영어를 포함한 모든 언어를 배울 땐, 꼭 명심해야 할 점들이 몇 가지 있습니다.

1. 모든 언어는 비슷하다.

내가 사용하는 표현들이, 단어들이 어떻게 구성되어 있는지 생각해본 적이 있나요? 영어 공부를 하다 보면, 왜 이렇게 표현해야 하는지를 몰라 그냥 외우는 경우가 상당히 많습니다. 하지만 그 표현들을 단어 하나하나 잘 살펴보면 영어를 말할 때 어떤 생각으로 표현을 만드는지 이해하기 쉽습니다.

2. 단어별로 문장을 전부 끊어서 봐야 표현을 제대로 이해할 수 있다.

요즘 영어회화의 트렌드는 기초보다는 드라마나 영화에서 나온 표현들이나 문장을 하나로 외우는데 집중하는 것 같습니다. 하지만 이런 방식으로 지속해서 공부하면 간단한 문장도 복잡하게 말할 수밖에 없거나, 표현 혹은 특정 단어를 어떻게 사용하는지 이해할 수도 없고, 사용하더라도 매우 제한적으로 사용할 수밖에 없습니다. 일반적으로 초보자는 정확히 모르는 표현이나 단어를 스피킹에서 사용하지 못하기 때문에 예제를 정확히 이해하고 말함으로써 실력을 향상시킬 수 있습니다.

3. 문법만 혹은 리딩만 연습해서는 의미가 없다.

문법과 단어는 모든 언어 공부의 기반이지만 전부는 아닙니다. 문법과 단어를 기반으로 말하기, 듣기, 쓰기, 읽기를 연습해야 비로소 하나의 언어로서 영어를 받아들일 수 있습니다. 즉 문법만 공부하지 마시고 말하기, 듣기 혹은 본인이 원하는 부분과 연계해서 공부해 보세요.

4. 스피킹을 잘하고 싶다면, 말을 많이 해야 한다.

사람마다 자주 사용하는 표현이나 단어는 다릅니다. 새로운 표현을 배우는 것은 좋지만 흥미를 가지고 진행하려면, 본인이 자주 사용하는 표현을 사용하여 영어로 문장을 만들어 보는 게 아주 중요합니다.

5. 스피킹 연습할 땐, 말로만 연습해야 한다.

수강생들 중 스피킹 연습을 할 때, 문장을 먼저 영어로 써 놓고 말하거나, 쓰면서 말하는 분들이 있습니다. 그럼 스피킹 실력이 향상되는 게 아니라 작문 실력만 향상됩니다. 문장은 앞에서부터 뒤로 만들어가면서 그때그때 즉각 하고 싶은 말들을 만들어 나가는 것이 좋습니다.

contents

문장의 구조와 구성 Key Words

1형식
향하다: head
A를 기다리다: wait for A
확실한, 뻔한: obvious
으르렁거리다: growl
한숨을 쉬다: sigh
놀다: hang out
서 있다, 세우다: stand

2형식
말도 안 되는, 어처구니 없는: ridiculous
일출: sunrise
역한: disgusting
복잡한: complicated
위기: crisis
정신이 초롱초롱한, 경계하는: alert *alert: V. 경보를 알리다
마지못한, 꺼려하는: reluctant

3형식 (1)
다양한: various
개최하다: hold
진가를 알아보다, 감사하다: appreciate
애 먹이다: trouble
가지고 다니다: carry
칭찬: compliment *compliment V. 칭찬하다
구매하다: purchase

3형식 (2)
주식: stock *stock은 주식 이외에도 재고품,
육수(닭고기 육수 등)의 의미가 있다.
속이다: deceive
혼돈: chaos *chaos의 발음은 '카오스'가 아닌,
'케이아스 [ˈkeɪɑːs]'이다.
여유가 되다: afford
연구하다: research
포기하다: give up
진행하다: carry out
직원: associate *동의어: employee, staff
물건: stuff *동의어: thing
거절하다: turn down *동의어: refuse

4형식
말해주다: tell
교훈: lesson
써 주다: write

가져와 주다: bring
즐거운: pleasant
추가되는 것: extra *extra는 이외에도
'추가의(형용사)', '추가로 (부사)'의 뜻이 있다.
(서비스에 대해) 청구하다, 서비스 요금: charge
실수로: by mistake

5형식 (1)
활동적인: energetic
밤새: all night long
진짜 같은, 진품인: authentic
이름을 붙이다: name
국민들: the public
매력적인: appealing * 동의어: attractive
들뜬: psyched

5형식 (2)
생산적인: productive
설득하다: persuade
A에 투자하다: invest in A
부적절한: inappropriate
뛰어 내리다: jump off
말싸움하다, 주장하다: argue
배열하다, 계획하고 준비하다 : arrange
경고하다, 주의를 주다: warn
즉시: immediately * 동의어: right now (바로 지금)
접근하다: approach
의미 없는: meaningless
엿듣다: eavesdrop * 동의어: overhear
(순서대로) 정리하다: organize
관광 명소, 매력: attraction
훑어보다: look through
위험에 처하게 하다: risk * risk N. 위험

1. 문장의 구조와 구성

영어 공부를 하려면, 무엇부터 해야 할까? 여러 언어를 공부한 뒤 깨달은 점은 문장의 구조를 파악해야 더욱 원어민과 비슷한 문장을 구사할 수 있다는 것이다. 한국어와 일본어를 제외하면 영어와 중국어를 포함한 대부분의 서양 언어는 큰 틀에서 비슷하다.

영어 문장의 기본구조는 짧든 길든 아래 5가지 형식으로 구성되어 있다.
*물론, 이후에 실전 회화에서는 구어체의 영향으로 가끔 주어가 생략되기도 하나, 이도 문장의 구조를 제대로 알아야 한다.

문장의 구조: 1형식 ~ 5형식

1형식 : 주어 + 동사

2형식 : 주어 + 동사 + 어떻게

3형식 : 주어 + 동사 + ~을(를)

4형식 : 주어 + 동사 + ~에게 + ~을(를)

5형식 : 주어 + 동사 + ~을(를) + 어떻게

or + 누가 + 어떻게 할 것을(하는 것을)

(1~5형식) + 수식어

tip

일반적으로 문법 용어를 영단어의 맨 앞 글자를 약자로 사용한다.

✓ 주어: Subject (S)
✓ 동사: Verb (V)
✓ 보어(어떻게): Complement (C)
✓ 목적어: Object (O)
✓ 수식어: Modifier (M)

영어 공부를 해봤다면, 위의 형식들을 공부했을 것이다. "무엇을 배웠는가?"라는 질문에 “그냥 외웠다"는 대답을 했다면, 안타깝게도 영어의 기초를 잘못 배운 것이다. 여기서 배울 점은 2가지가 있다.

첫 번째로, 문장은 주어와 동사로 시작한다는 것이다.

리딩에서는 주어와 동사까지 끊어읽고 해석하는 습관이 들어야 긴 문장을 읽더라도 앞에서부터 차근차근 해석할 수 있다. 스피킹에서도 문장을 전부 생각하여 말하려고 하기 보다는 일단 주어와 동사까지를 우선 말하는 습관이 중요하다. 어떤 문장을 말하든 『~가 ~한다』 라는 형식대로 말을 해야겠다는 생각이 있어야 말이 나오기 시작한다. 주어와 동사까지 말해야 뒤에 어떤 말이 올지 정할 수 있고, 듣는 사람도 이를 예측할 수 있다. 이와 같은 문장에 대한 연습을 하지 않았다면, 머릿속에서 문장을 다 만들고 말하는 습관을 가지고 있을 것이다. 이는 좋지 않은 습관이다.

두 번째는 동사 이후에 구조가 변형되는 점이다.

더욱 정확히는 동사의 뜻에 따라 뒤에 어떤 말을 해야 할지 달라진다. 같은 단어라도 뜻이 다를 땐, 다른 문장의 형식을 취하기도 할 때가 있다는 뜻이기도 하다. 그렇기 때문에 동사의 뜻을 정확하게 공부하고, 자주 사용하는 동사 위주로 문장을 다양하고 많이 말해봐야 한다.

더욱 자세한 예제를 보기에 앞서, 주어와 동사에 대해 조금 더 공부해보도록 하자.

주어란?

일단 영어는 한국어의 조사(은, 는, 이, 가, 을, 를)에 해당하는 부분이 없다. 영어 문장을 말할 때 am, is, are과 같은 be동사를 자연스럽게 모든 문장에 붙여서 말하고 있다면, 이는 be동사를 조사의 역할(은, 는, 이, 가)로 생각하고 있다는 것이다. be동사는 조사가 아닌, '~이다, ~이 되다, ~이 있다' 라는 뜻을 가진 동사이다. 즉 한국어는 조사를 사용해서 단어의 순서를 바꾸기도 하지만, 영어는 조사가 없기 때문에 순서(문장의 구조)가 매우 중요하다. 주어를 정확히 이해하기 위해선 다음과 같은 규칙을 외워야 한다.

1. 주어의 자리에 오는 명사는 무조건적으로 조사(은, 는, 이, 가)가 붙는다고 생각해야 한다. 다른 말로 바꿔 말하면, 문장의 시작은 『~은(~이) ~한다』 와 같은 방식으로 진행된다는 것이다.

2. 본인이 말하고 싶은 명사를 주어로 가져와서 문장을 시작해야 한다는 것이다. 혹시 영어로 말을 할 때 I, you와 같은 대명사나 사람 이름 등과 같이 사람을 나타내는 단어로만 문장을 시작하는가? 그렇다면, 사물들을 주어로 놓고 말해 보길 바란다. 사람이든 사물이든 중요한 것을 주어로 해서 말해야 한다.

상황 1) 회사로 가던 중, 자동차 사고를 봤다. 이 상황을 동료들에게 영어로 표현한다면 어떻게 말할 것인가?

상황 1 답) 만약 'I saw a car accident there.'이라고 말했다면, 아직 중요한 것을 주어

로 쓰지 못한 것이다. 상황이 극단적이긴 하나, 영어로는 'A car accident happened over there.'이라고 말할 것이다.

상황 2) '해마다 물놀이 사고로 수십 명의 사람들이 죽거나 다친다.'를 영어로 한다면 어떻게 표현할 것인가?

상황 2 답) 만약 주어를 '수십 명의 사람'으로 문장을 만들었다면, '물놀이 사고'를 주어로 사용해서 만들어 보길 바란다. 답은 'Water accidents kill dozens of people every year.'이다.

tip **기본 용어 설명**

지금부터 설명할 용어들은 단어들을 나눈 그룹이다. 각 용어들의 예제를 보고 특징을 파악하길 바란다.

✓ 명　사: 책, 식물, 제이콥, 에밀리, 생각, 경험, 예약하는 것, 생각하는 것, 먹는 것

✓ 동　사: 예약하다, 심다, 생각하다, 경험하다

✓ 형용사: 큰, 가벼운, 힘든, 미안한, 즐겁게 하는, 만들어진, 공부할, 오는

✓ 전치사: ~에, ~와, ~가지고, ~로, ~을 따라, ~후에, ~같은(처럼)

동사란?

주어가 하는 행동 및 상태를 나타내는 단어이다. 그렇다면 왜 동사는 중요한가? 영어로 말하기 위해선 한국어를 영어에 맞춰서 말하는데 익숙해져야 한다고 생각한다. 그러기 위해선 동사의 뜻을 바탕으로 뒤에 어떤 말을 해야 할지 이미 명확하게 알고 있어야 한다. 동사는 문장의 중심이기 때문에 공부할 때 다음과 같은 사항들을 주의하며 암기 및 연습해야 한다.

(1) 영어의 동사는 3가지 형태(원형, 과거형, 과거분사형)로 동시에 외우도록 한다. 각각의 형태는 특정한 뜻을 가지고 있으니, 제대로 활용하기 위해서는 제대로 외워야 한다. 안타깝게도 자주 사용하는 동사들은 불규칙한 형태로 바뀐다. 하지만 다행인 점은 그 안에서도 규칙이 있으니, 규칙을 꼭 활용하도록 한다.

(2) 동사는 시제, 조동사, 수동태와 결합하여 다양한 뜻을 표현해 줄 수 있다. 이후 챕터에서 시제, 조동사, 수동태를 공부하고, 이를 동사와 같이 결합하여 추가적인 의미를 부여해 말할 것이다. 앞서 말했듯이, 주어와 동사는 생각하지도 않고 말을 내뱉어야 한다. 이때 동사는 시제, 조동사, 수동태와 결합된 형태도 포함된다. 즉 시제, 조동사, 수동태를 추가한 형태로도 많이 연습해야 한다.

(3) 동사를 공부하다 보면, 한국어로 같은 뜻을 지닌 단어들이 있을 것이다. 예를 들면, 『see와 watch』, 『say와 talk, speak』, 『hear과 listen to』, 『suggest와 offer』, 『act와 behave』, 『maintain과 sustain』 처럼 한국어로는 비슷한 뜻들이 실제로는 의미상 차이가 크거나 아예 다르기 때문에 예제을 보며, 문장으로 꼭 만들어봐야 어디에서 사용하는지 알 수 있다.

(4) 뜻이 다르더라도 비슷한 상황에서 사용될 수 있는 단어가 상당히 많다. 처음에는 그냥 외우겠지만, 이후에는 비슷한 단어끼리 묶으며 외워야 다양한 표현을 사용할 수 있다.

상황 1) '(밥을) 먹다'라는 표현을 할 때 사용할 수 있는 단어는 몇 가지가 있을까? 상당히 많겠지만 기본적으로 eat, have, grab 등을 사용할 수 있다.

상황 2) '(건물이나 사람이 ~에) 위치해 있다'라는 표현을 할 때, 사용할 수 있는 단어는 몇 가지가 있을까? 이 경우에도 상당히 많다. 일반적인 회화에서는 be located 이외에도, be placed, stand, sit 등을 사용할 수 있다.

주어 + 동사 : 1형식 연습

몇몇 동사들은 그 자체로 더 이상 다른 말을 붙이지 않더라도 문장이 완벽한 경우가 있다. 완벽하다는 말은 주어와 동사만 있더라도 말이 되는 경우를 의미한다.

Corn grows. : 옥수수는 자란다.
Chickens can also fly. : 닭도 날 수 있다.

위의 두 문장은 각각 'grow (자란다, 혹은 키운다)', 'fly (난다)'라는 동사로 끝난다. 그리고 뒤에 다른 형식들처럼 '~을', '~에게', '어떻게'라는 말이 없더라도, 완벽한 문장이 된다. 이처럼 완벽한 문장, 즉 문장의 구조에서 보듯 동사 뒤에 나올 수 있는 '~을', '~에게', '어떻게'라는 말이 필요가 없는 경우에도 뒤에 수식어를 붙이면서 문장을 계속 이어 나갈 수 있다.

Corn grows in my field.: 옥수수는 자란다 / 내 밭에서
Chickens can also fly when in danger.: 닭도 날 수 있다/위험에 처했을 때,

다음 한국어 문장들을 영어로 말해보며, 어떠한 동사들이 그 자체로도 완벽한지 보자.

Day 1 주어 + 동사: 1형식 연습 ①

1. 우리들은 남쪽으로 향한다.

2. 나는 보통 호텔에 머물러요.

3. 친구들은 매번 제이콥을 기다린다.

Challenge
4. 학생들이 학교에 가는 것은 너무 당연한 거 아니에요?

5. 우리 집 강아지는 자주 으르렁거린다.

Day 2 주어 + 동사: 1형식 연습 ②

6. 어머니가 한숨을 쉬었다.

7. 누군가 밖에서 비명을 지른다.

Challenge
8. 우린 언제나 해가 질 때까지 놀이터에서 놀았죠.

9. 계획이 드디어 제대로 돌아간다.

10. A 빌딩은 B 옆에 있어요.

Day 1 주어 + 동사: 1형식 연습 ①

1. We head south.
2. I normally stay at a hotel.
3. Friends wait for Jacob all the time.
4. (Challenge) Isn't it obvious that students go to a school?
5. The dog in my home usually growls.

Day 2 주어 + 동사: 1형식 연습 ②

6. Mother sighed.
7. Someone screams outside.
8. (Challenge) We always hung out till sunset.
9. The plan is finally working.
10. Building A stands next to B.

tip

동사 표에 있는 단어들 중 어떤 단어들이 1형식으로 사용될 수 있는지 찾아보자.
위 예제처럼 '몸으로 하는 행동'이 1형식의 단어들로 사용된다.

시드니는 백인과 아시안이 주를 이루는 곳이에요. 여러 나라에서 온 직원들과 손님들은 다양한 문화를 한 곳에서 경험할 수 있게 해주죠. 위에 사진은 제가 시드니 센트럴 비즈니스 구역(CBD)에 있는 Rydges World Suqare호텔에서 일했을 때 사진이에요. 시드니는 제가 호텔리어로서 기본기를 닦을 수 있게 도와준 곳이기도 해요. 실제로 1년간 큰 호텔에서 여러 부서를 돌며 일하다 보니, 호텔 전빈직인 일을 대부분 익혔던 거 같아요. 경험이 쌓여 자신감도 더 붙게 되더라고요. 자신감은 제가 더 적극적으로 영어로 말하고, 틀린 표현은 고쳐가며 호텔리어로서 뿐만 아니라 영어 스피커로써 한 단계 점프 업을 할 수 있게 도와줬어요.

이 책을 통해 여러분도 기본기를 닦고 외국에서 더욱 다양한 경험을 하시길 바라요. 이 책이 그 출발점이 되어 지금까지 부족했던 것들 것 채워지며, 한 단계 더 앞으로 나아갈 수 있는 계기가 되길 바랍니다!

주어 + 동사 + 어떻게 : 2형식 연습

1형식에서 동사 뒤에 더 이상 다른 말을 넣지 않았다면, 2형식은 동사 뒤에 '어떻게'에 해당하는 단어를 말해야 한다. 주의할 점은 '어떻게'라는 말은 주어를 꾸며주는 말이어야 한다는 것이다. 절대 동사를 꾸며주는 단어가 아니다.

You look bad today. : 너 오늘 안 좋아 보여.
She is 32 years old and a tutor. : 그녀는 32살이고 강사이다.

첫 문장의 You는 bad한 존재이며, 두 번째 문장의 She는 32 years old, a tutor인 존재이다. 이와 같이 '어떻게'는 주어를 꾸며주는 말이어야 하며, 동사를 꾸며주어서는 안 된다.

나쁜 예 1) Lee, the team leader, acted strangely. : **이 대리는 이상하게 행동했다. 여기서 '이상하게'는 행동이 이상한 것이지 '이 대리'가 아니므로 부사 형태인 -ly를 붙인다.**

나쁜 예 2) The player passed the ball precisely. : **그 선수는 공을 정확하게 패스했다. 여기서 '정확하게'는 패스한 행동을 꾸며주는 말이지, 'The player'와 같은 것이 아니므로, 역시 -ly를 붙인다.**

다음 한국어 문장들을 영어로 말해보며, 어떤 동사들 뒤에 '어떻게'가 올 수 있는지 보자.

Day 3 주어 + 동사 + 어떻게: 2형식 연습 ①

11. 너의 주장은 말도 안되게 들린다.

12. 해가 뜨기 전에 하늘이 가장 어둡게 보인다.

13. 이 음식은 역한 냄새가 난다.

14. 그는 군 복무 후 더욱 키가 크고 잘 생겨졌다.

15. 꿈은 이루어질 것이다!

Day 4 주어 + 동사 + 어떻게: 2형식 연습 ②

16. 점점 더 복잡하고 어려워진다.

17. 모든 이들은 위기에서도 차분하게 있었다.

18. 이 VIP 고객들에게겐 정신 바짝 차리세요.

19. 모두가 이 일을 맡기 꺼려하는 듯 보이네요.

Challenge
20. 알자스 지방에서 나온 물은 철이 많이 포함되어 쓴 맛이 납니다.

Day 3 주어 + 동사 + 어떻게: 2형식 연습 ①

11. Your argument sounds ridiculous.

12. The sky looks darkest before sunrise.

13. This food smells disgusting.

14. He has grown taller and more handsome after the military service.

15. Dreams will come true.

Day 4 주어 + 동사 + 어떻게: 2형식 연습 ②

16. It gets more complicated and tougher.

17. Everyone remained calm even under the crisis.

18. Stay alert for those VIP guests.

19. Everyone here seems reluctant to take on this project.

Challenge

20. Water coming from the Alsace region contains iron, thus tastes bitter.

주어 + 동사 + ~을(를): 3형식 연습 (1)

3형식은 가장 쉬운 형식으로 동사 뒤에 '~을'이 올 수 있는 동사를 찾으면 된다. 주의할 점은 이후 3형식 연습 (2)와 4형식에서 다루도록 한다. 그럼 다음 문장들을 영어로 말해보자.

*주어와 동사부터 말하면 동사의 뜻에 맞춰 문장이 자연스럽게 만들어져야 한다. 절대 문장을 머리로 다 생각한 후에 말하면 안 된다.

Day 5 주어 + 동사 + ~을(를): 3형식 연습(1) ①

21. 우리 회사는 신입사원들에게 다양한 트레이닝 프로그램을 제공합니다.
22. 친구들 중 한 명이 이번 주 금요일 밤에 파티를 연다.
23. 국가에 대한 당신의 봉사에 감사드립니다.
24. 다른 이들도 이 진실을 알 필요가 있습니다.
25. 그는 이번 프로젝트에서 우리를 아주 애 먹였다.

Day 6 주어 + 동사 + ~을(를): 3형식 연습(1) ②

26. 나는 아직 열쇠들을 들고 다녀요.
27. 나는 요즘 하루에 두 끼만 먹어요.
28. (Challenge) 한국 회사들은 다양한 제품들을 만듭니다.
29. 이 수업은 최근에 온라인으로 좋은 칭찬을 받았어요.
30. 몇몇 사람들은 아직 오프라인으로 책을 구매한다.

Day 5 주어 + 동사 + ~을(를): 3형식 연습(1) ①

21. Our company provides various training programs for the new employees.

22. One of my friends holds a party this Friday night.

23. I appreciate your service to the country.

24. Others also need to know the truth.

25. He troubled us a lot in this project.

Day 6 주어 + 동사 + ~을(를): 3형식 연습(1) ②

26. I still carry keys.

27. I have only two meals a day these days.

Challenge
28. Companies in Korea make various products.

29. This class recently got many compliments online.

30. Some people still purchase books offline.

주어 + 동사 + ~을(를): 3형식 연습 (2)

이 형식에서 주의할 점은 '~을(를)'부분에 꼭 어떠한 사물이나 사물만을 말하는 것이 아니라 '행동'도 넣을 수 있다는 것이다. '행동'을 나타내기 위해서는 to부정사와 동명사를 사용하면 된다.

다만, 동사마다 to부정사와 동명사가 달리 나오기 때문에, 어떤 동사 뒤에 to부정사가 오는지 혹은 동명사가 오는지 알아야 한다. 대부분 뜻에 따라 달라지니, 먼저 부록 1번을 참고하도록 한다.

Day 7 주어 + 동사 + ~을(를): 3형식 연습(2) ①

31. 우리는 남쪽으로 향하기로 결정했다.

32. 의뢰인은 이 PPT를 바꿀 것을 강력히 요청했다.

33. 나는 이렇게 환영받을 줄은 기대도 못했어요.

34. 그녀는 미팅 갈 준비를 했나.

Challenge
35. 주식은 하루가 오르면 하루는 내리는 듯하다.

Day 8 주어 + 동사 + ~을(를): 3형식 연습(2) ②

36. 나는 당신을 속이려는 의도는 아니었어요.

37. 그들은 이 사실을 숨기려는 의도는 아니었다.

38. 한 소년은 그 혼란 속에서 간신히 살아남았다.

Challenge
39. 사고가 발생했을 때, 나는 그냥 우연히 여기에 있었을 뿐이에요.

40. 그는 다른 사람들과 잡담할 여유조차 없어요.

Day 7 주어 + 동사 + ~을(를): 3형식 연습(2) ①

31. We decided to head south.

32. The client demanded to change this PPT.

33. I didn't expect to be welcomed this much.

34. She prepared to take off to a meeting.

Challenge
35. The stock market seems to go down after a rise.

Day 8 주어 + 동사 + ~을(를): 3형식 연습(2) ②

36. I didn't mean to deceive you.

37. They didn't intend to hide the truth.

38. A boy managed to survive the chaos.

Challenge
39. I just happened to be here when the accident happened.

40. He cannot even afford to chitchat with others.

Day 9 주어 + 동사 + ~을(를): 3형식 연습(2) ③

41. 나는 한국 이외에 나라에서 사는 건 상상도 할 수 없어.

42. 연구원들은 계속해서 시험하는 것을 포기하지 않았어요.

43. 매니저들은 자기 직원들에게 가혹한 말을 하는 것을 피할 수 없다.

44. 너 지금 시간 내에 가고 싶은 곳을 다 둘러볼 여유가 없어.

Challenge
45. 당신은 스스로에게 매우 엄격한 것 같군요.

Day 10 주어 + 동사 + ~을(를): 3형식 연습(2) ④

46. 내가 더 이상 안 쓰는 물건들은 팔아도 괜찮아요.

47. 그 누구도 이 제안을 거절하라고 제안하지 못 할 거야.

Challenge
48. 여기서 포기하느니, 굶어 죽을 각오로 하는 게 낫겠어!

49. 택배 가져가시는 거 잊지 마세요.

50. 오늘은 태국요리가 땡긴다.

Day 9 주어 + 동사 + ~을(를): 3형식 연습(2) ③

41. I <u>cannot imagine</u> living in any other country but Korea.

42. The researchers <u>did not give up</u> carrying out their experiment.

43. Managers <u>cannot avoid</u> saying harsh things to their associates.

44. You <u>cannot afford</u> to look around everywhere you want to visit in time.

Challenge 45. You <u>seem</u> to have many rules for yourself.

Day 10 주어 + 동사 + ~을(를): 3형식 연습(2) ④

46. I <u>do not mind</u> selling my stuff that I no longer use.

47. Nobody <u>will</u> surely <u>suggest</u> turning down this offer.

Challenge 48. It would be better to <u>risk</u> starving to death than giving up.

49. <u>Don't forget</u> to pick up your parcel.

50. I <u>feel like</u> having Thai food today.

주어 + 동사 + ~에게 + ~을(를): 4형식 연습

어떤 동사 뒤에는 '~에게 + ~을'의 순서로 말해줘야 한다. 이 동사들 뒤에는 'A에게'라고 말해주기 위해서 'to A'라고 말할 필요가 없이, 동사 뒤에 바로 단어를 말해줘야 한다.

모든 동사를 이런 형식으로 사용할 수 있는 건 아니다. 특정 동사들이 가능한데, 이 형식으로 사용할 수 있는 대표적인 단어로는 give, tell, show, buy, lend, teach, write, ask, get, send, pass, bring 등이 있다. 이 동사들을 묶어서 수여동사라고 하기도 한다. 이 동사들은 대부분 '주다'라는 뜻을 내포하고 있다. (없다면, 붙여서 외우길 바란다. 그래야 익숙해질 수 있다.)

'주다'라는 뜻이 영어에서 중요한 이유는 '주다'라는 행동은 혼자 하는 것이 아니라 다른 사람을 언제나 포함하기 때문이다. 무엇을 주는지, 무엇을 빌려주는지가 중요한 게 아니라, 다른 사람을 지칭해 줄 수 있는 '~에게'라는 말이 더욱 중요하기 때문에 동사 뒤에 바로 말해줘야 한다는 것이다.

드라마나 영화를 보다가, 책을 읽다가 혹은 영어로 대화하다가, 이런 형식으로 쓸 수 있는 동사를 발견한다면 꼭 상황을 외워두었다가 본인의 상황에 활용해보길 바란다. 이 책에선 연습을 위해서 어떤 동사에 '주다'라는 뜻이 있는지 꼭 확인하고 '주다'의 의미를 포함하여 외우길 바란다.

다음 문장들은 한국어와 같이 '~에게 + ~을'의 순서로 말한다는 것을 보여주기 위한 예이다. 만약 다음과 같은 문장을 중요한 말만 남겨서 다시 정열 한다면 어떻게 말해야 할지 생각해보도록 하자.

상황 1) 어제 어머니 생신이어서 생일선물을 하나 사드렸어.

만약 위의 상황을 한국어로 4 단어를 사용하여 다시 만든다면, 어떻게 만들겠는가? '나는 어머니에게 선물을 사드렸다.'로 말했다면 정답이다. 하지만, 영어에서는 동사가 먼저 와야 하므로, '나는 사드렸다. / 어머니에게 / 생신 선물을'이라고 말을 해야 한다. 영어로는 'I bought my mother a birthday gift'이며, 여기서 '어머니에게' 자리는 이미 '~에게'라는 뜻을 내포하므로, 전치사 to를 붙이지 않는다.

상황 2) 뭘 갖다 드릴까요?

외국 식당에서 자주 들을 수 있는 표현으로, 식당 점원이 손님에게 메뉴를 골랐는지 물어볼 때 사용한다. 한국어로 다시 정열 하면, '무엇을 내가 가져와줄까요?' 혹은 '무엇을 내가 얻어줄까요?'라는 표현이 된다. 영어로는 'What can I get you?'라고 말한다.

그렇다면 다음 문장들을 위의 형식에 맞춰 말해보자.

Day 11 주어 + 동사 + ~에게+ ~을(를): 4형식 연습 ①

51. 친구 중 한 명이 나에게 뭔가 중요한 걸 말해주었다.

52. 면접관은 가끔 면접자에게 이상한 질문을 한다.

53. 이 책은 여전히 많은 사람들에게 좋은 교훈을 가르쳐 준다.

54. 이 강의는 많은 이들에게 좋은 영향을 준다.

Challenge
55. 나에게 이 멋진 자켓을 얻어줄 수 있어요?

Day 12 주어 + 동사 + ~에게+ ~을(를): 4형식 연습 ②

56. 할머니는 매년 우리에게 편지 한 통을 써준다.

57. 매달 친구가 외국에서 나에게 택배 하나를 보내준다.

58. 저기 책상 위에 있는 서류 좀 건네줄 수 있어요?

Challenge
59. 새로운 직원에게 일을 가르치는 것은 힘든 일이다.

Challenge
60. 내게 오늘 할 일을 보여주세요!

Day 11 주어 + 동사 + ~에게+ ~을(를): 4형식 연습 ①

51. One of my friends <u>told</u> me something important.

52. The Interviewer <u>asks</u> interviewees weird questions from time to time.

53. This book still <u>teaches</u> many others a good lesson.

54. This lecture <u>gives</u> many people positive influences.

Challenge
55. Could you <u>get</u> me this nice jacket?

Day 12 주어 + 동사 + ~에게+ ~을(를): 4형식 연습 ②

56. Grandmother <u>writes</u> us letters every year.

57. One of my friends <u>sends</u> me a parcel from abroad every month.

58. Could you <u>pass</u> me the papers on the desk right over there?

Challenge
59. It is tough to <u>teach</u> new employees their jobs.

Challenge
60. <u>Show</u> me what to do today!

Day 13 주어 + 동사 + ~에게+ ~을(를): 4형식 연습 ③

61. 러시아 친구 중 하나가 모스크바행 비행기 티켓을 사줬어요.

62. 내가 이거 하나 알려줄게.

63. 친구가 하루 동안 차를 대여해 줬어요.

Challenge
64. 즐거운 여행 되세요.

65. 커피 한 잔 가져왔어요!

Day 14 주어 + 동사 + ~에게+ ~을(를): 4형식 연습 ④

66. 나에게 이것 말고는 다른 선택지를 남겨주지 않는구나.

67. 당신도 그림 한 장 그려줄까요?

Challenge
68. 호텔에서 실수로 나에게 더 요금을 청구했어요.

69. 다른 회사에서 나에게 더 좋은 연봉을 제시했어요!

70. 너 요번에 나한테 크게 빚진 거야. 잊지 마.

Day 13 주어 + 동사 + ~에게+ ~을(를): 4형식 연습 ③

61. One of my Russian friends <u>bought</u> me a flight ticket to Moscow.

62. I will <u>tell</u> you this.

63. A friend <u>lent</u> me her car for a day.

Challenge
64. I <u>wish</u> you a pleasant journey.

65. I <u>brought</u> you a cup of coffee.

Day 14 주어 + 동사 + ~에게+ ~을(를): 4형식 연습 ④

66. You <u>leave</u> me no other choice, but this.

67. You want me to <u>draw</u> you a picture?

Challenge
68. The hotel <u>charged</u> me extra by mistake.

69. Another company <u>offered</u> me a better salary!

70. You <u>owed</u> me a big one. Don't forget.

주어 + 동사 + ~을(를) + 어떻게: 5형식 연습(1)

이 형식을 실제로 말하기 위해선 2가지 방식으로 생각해서 말을 해줘야 한다. 첫 번째는 이번에 파트에서 다룰 '~을 + 어떻게 혹은 ~라고'라는 형식으로 말하는 형식이고, 두 번째는 '누가 + 어떻게 할 것을 (혹은 '어떻게 하는 것을' 혹은 '어떻게 하게' 라는 형식으로 말하는 것이다. 어렵게 느껴질 수 있으나, 설명을 보고 문장을 통해 연습하면 점차 익숙해질 것이다.

위에서 언급한 것처럼 어떤 동사를 말하고 나면 '~을 + 어떻게 혹은 ~라고' 라는 순서로 생각하고 말해야 하는 동사들이 있다. 이 형식 역시 4형식과 마찬가지로 한국어와 순서가 같다. 하지만, 언제나 똑같을 수는 없는 법. 문장마다 한국어와 비슷하게 말하는 것처럼 느껴지는 문장이 있을 수도 있고, 그렇지 않은 문장도 있을 수 있다. 이 점 때문에 영어를 외국어로 배우는 수강생들에게 이 문장 형식이 접근하기 힘들고 꺼리게 만들 수 있으나, 한 가지만 주의한다면 괜찮을 것이다.

주의할 점은 '어떻게'에 해당하는 단어는 주어 혹은 동사가 아닌, '~을(를)'을 꾸며주는 말이어야 한다는 것이다. 즉 '~을(를)'과 '어떻게'는 동일한 것을 말해주는 것이다.

5 형식에 해당하는 단어로는 call, name, keep, want, expect, advise, remind, allow, drive, lead, consider, find, 사역동사 (make, let, get, have, help), 지각동사 (hear, watch, see, feel) 등이 있다. 첫 번째 연습할 형식은 동사를 말한 뒤 '~을(를) 어떻게'의 순서로 진행하는 형식이다.

예문 1) His name is Jacob, but we call him the clown.

해석하면 '그의 이름은 제이콥이지만, 우리는 그를 광대라고 부른다'라는 문장이다. 'call (부르다)'라는 동사 뒤에 한국어와 마찬가지로 him과 the clown이 연속으로 나오며, 즉 him = the clown이다.

예문 2) Sunset colored the sky red.

해석하면 '석양이 하늘을 빨갛게 물들였다'라는 문장이다. 'color (색칠하다)'라는 동사 뒤에는 '무엇을'과 '어떻게'를 순서에 맞춰 말해야 한다. '무엇을'에 해당하는 the sky는 '어떻게'에 해당하는 red와 동등한 관계이므로, 하늘은 빨간색이고, 빨간색은 하늘이 된다.

예문 3) I need to get my hair cut.

직역하여 해석하면, '나는 내 머리가 잘리게 할 필요가 있다'라는 문장이다. 'get (하게 하다)'라는 동사 뒤에 '내 머리가' '잘리게 (cut 과거분사)'라는 표현을 넣어 말해야 한다. 내 머리는 자르는 게 아니라 잘려야 하는 존재인 것이다. 의역하면 '나 머리 잘라야 해'라는 문장이다.

Day 15 주어 + 동사 + ~을(를) + 어떻게 : 5형식 연습(1) ①

71. 에너지 드링크는 일반적으로 사람들이 밤새 기운이 넘치게 유지해준다.

72. 야근은 직원들을 피로하게 만들어요.

Challenge
73. 나는 이 프랑스 음식점 요리들이 정통적이라고 생각해요.

74. 우리들은 이곳을 '천국'이라고 이름 지었어.

75. 넌 단지 이 문제를 더욱 복잡하게 만들고 있을 뿐이야.

Day 16 주어 + 동사 + ~을(를) + 어떻게 : 5형식 연습(1) ②

76. 나는 이 강아지를 마셜이라고 부른다.

77. 국민들은 이 사안을 심각하게 생각한다.

78. 자그마한 실수는 매력이 될 수 있어. 적어도 널 인간답게 하잖아.

Challenge
79. 이 노래 모음이 파티 내내 사람들을 짜릿하게 유지해줄 거야.

80. 당신이 소개할 수 있도록 이 페이지는 빈칸으로 남겨뒀어요.

Day 15 주어 + 동사 + ~을(를) + 어떻게 : 5형식 연습(1) ①

71. Energy drinks normally keep people energetic all night long.

72. Working overtime makes employees tired.

Challenge
73. I find dishes in this French restaurant authentic.

74. We named this place 'Heaven'.

75. You are just making this problem more complicated.

Day 16 주어 + 동사 + ~을(를) + 어떻게 : 5형식 연습(1) ②

76. I call this dog Marshall.

77. The public consider this matter (to be) serious.

78. Few flaws can be appealing. It makes you human at least.

Challenge
79. This list of music will keep people psyched throughout the party.

80. We have left this page blank, so you can introduce yourself.

주어 + 동사 + 누가 + 어떻게 할 것을(어떻게 하는 것을) : 5형식 연습(2)

이번 파트에서는 '누가 + 어떻게 할 것을 (혹은 어떻게 하는 것을)'의 순서로 말하는 문장 형식에 대해 다루겠다. 이 형식으로 말할 땐, '주어가 나보고 어떻게 하라고 했어'와 같은 말을 할 때 활용하는 형식이라고 이해를 해야 한다. '나보고'가 '누가'에 해당하며, '어떻게 하라고'가 '어떻게 할 것을 (혹은 어떻게 하는 것을)'이라는 말이다.

5형식 연습(1)과 다르게 '어떻게 하라고'는 동작이며, 이때 동사를 그냥 넣어서 말하는 게 아닌, 동사에 to부정사 (to-V) 혹은 동명사 (V-ing)를 붙여 말해야 한다. 대부분의 동사는 뜻에 바탕을 해, '어떻게 하라고' 자리에 to부정사를 붙이는지 동명사를 붙이는지 정해져 있다. 물론, 몇몇 예외적으로 to부정사와 동명사 어떤 것으로 붙여서 말해도 되는 동사들도 있다.

이 책에서는 '어떻게 하라고'에 해당하는 동작이 문장의 동사보다 미래에 발생하는 경우엔, '어떻게 할 것을'이라고 말할 것이고,' 동작이 문장의 동사보다 과거에서부터 현재까지 동시에 발생하는 경우 '어떻게 하는 것을'이라고 말할 것이다.

이 형식의 특징은 5형식 연습(1)에서와 똑같이 '누가'에 해당하는 인물이나 물건이 하는 행동을 말해줄 때 '어떻게 할 것을'이나 '어떻게 하는 것을'이라고 말해준다는 것이다. 다시 말하면 '주어'가 행동하는 것이 아니라, 동사 뒤에 말해야 하는 '누가'가 하는 행동하는 것을 말해줄 때 사용하는 것이다. 이를 다른 시각으로 보면, 이는 동작에 대한 주체를 바꿔줄 때 사용한다고 생각할 수도 있다.

> '어떻게 할 것을', '어떻게 하는 것을'에 대한 자세한 아이디어를 얻고자 한다면, to부정사와 현재분사를 먼저 공부하고 오는 것이 좋다. 기본적으로 미래의 행동은 to부정사를, 과거 및 현재 진행하고 있는 행동은 현재분사인 V-ing를 붙여 말한다.

아래 예문을 보며, 3형식과 5형식의 차이를 보자.

예문 1) I need to understand the situation. (3형식)

나는 상황을 이해해야 해.

I need you to understand the situation. (5형식)

나는 네가 이 상황을 이해해줬으면 해.

예문 2) I want to go to the party. (3형식)

나는 파티에 가길 원해.

I want him to come to the party. (5형식)

나는 그가 파티에 오길 원해.

예문 3) I felt someone coming from behind me. (5형식)

나는 누군가 내 뒤에서 오는 것을 느꼈다.

그렇다면 다음 문장들을 위의 형식에 맞춰 말해보자.

Day 17 주어 + 동사 + 누가 + 어떻게 할 것을 : 5형식 연습(2) ①

81. 그는 내게 오늘 밤 돌아가지 말라고 말해줬다.

82. 나는 네가 제시간에 나타나길 기대했다.

Challenge
83. 여자 친구는 내가 조금 더 많은 시간을 생산적인 일을 하며 보내길 원했다.

84. 그 유튜브 채널은 시청자들이 특정 회사에 투자하도록 설득했다.

Challenge
85. 제 소개를 하겠습니다.

Day 18 주어 + 동사 + 누가 + 어떻게 할 것을 : 5형식 연습(2) ②

Challenge
86. 어제 너와 나눈 대화는 나의 행동이 적절치 않았다고 생각하게 했어.

87. 나는 누군가 나를 따라오는 것을 느꼈다.

88. 나는 그가 저 높이에서 뛰어내리는 것은 상상도 할 수 없어.

89. 제가 이 컴퓨터를 잠시 빌려 써도 될까요?

90. 많은 사람들이 그 커플이 길거리에서 말싸움하는 것을 봤어요.

Day 17 주어 + 동사 + 누가 + 어떻게 할 것을 : 5형식 연습(2) ①

81. He told me not to go back tonight.

82. I expected you to show up on time.

Challenge
83. My girlfriend wanted me to spend more time doing productive things.

84. he Youtube channel persuaded viewers to invest in the particular company.

Challenge
85. Allow me to introduce myself to you.

Day 18 주어 + 동사 + 누가 + 어떻게 할 것을 : 5형식 연습(2) ②

Challenge
86. The conversation we had yesterday got me to think that my behavior was inappropriate.

87. I felt someone following me.

88. I cannot imagine myself jumping off from that height.

89. Do you mind me using this computer for a second?

90. Many people saw the couple argue on the street.

Day 19 주어 + 동사 + 누가 + 어떻게 할 것을 : 5형식 연습(2) ③

91. 나는 내 비서에게 돌아오는 주(week)의 스케줄을 조율하게 할 거야.

92. 부모님은 내가 술을 마시는 모습을 잡아냈다.

93. 커피는 내가 밤새 잠을 못 자게 (유지)했다.

94. 내가 그 방에 들어가지 말라고 경고했잖아.

Challenge
95. 네가 바로 이 일에 착수해줘야겠어.

Day 20 주어 + 동사 + 누가 + 어떻게 할 것을 : 5형식 연습(2) ④

96. 너희들이 내 졸업식에 안 온다는 건 상상도 할 수가 없어.

97. 누군가 뒤에서 다가오는 걸 느꼈어요.

98. 이 상황을 이해해주시리라 기대합니다.

99. 작은 긴장도 내가 말을 더듬게 해.

Challenge
100. 나는 요즘 의미 없이 시간을 보내는 거 같아.

Day 19 주어 + 동사 + 누가 + 어떻게 할 것을 : 5형식 연습(2) ③

91. I will have my assistant arrange the schedule for the following week.

92. My parents caught me drinking.

93. Drinking coffee keeps me staying awake all night long.

94. I warned you not to go inside the room.

Challenge
95. I need you to work on it immediately.

Day 20 주어 + 동사 + 누가 + 어떻게 할 것을 : 5형식 연습(2) ④

96. I cannot imagine you not being at my graduation ceremony.

97. I felt someone approaching from behind.

98. I expect you to understand the situation.

99. A bit of nerve causes me to stutter.

Challenge
100. I find myself spending time meaninglessly.

101. 나는 누군가 사무실 밖에서 대화 내용을 엿듣는 걸 발견했다.

102. 가족도 내가 유학 가는 걸 막을 순 없었어.

Challenge
103. 여행 가기 전에, 너희들이 그 나라의 문화와 관광지를 정리해 봤으면 해.

104. 미팅에 오기 전까지, 너희들이 전부 배포된 자료를 읽어보길 기대합니다.

105. 난 네가 나를 위해 전 재산을 잃어버리는 위험한 짓을 하게 할 순 없어.

어휘 Level up!

한국 겨울 날씨는 뼈에 한기가 느껴질 정도이고, 여름은 동남아처럼 후덥지근해서 외국인들도 적응하기 힘든 날씨이다. 지금 영어로 이걸 표현한다면 어떻게 표현하겠는가? 혹시 very cold, very hot이라고 말했는가? 그렇다면 한국어로도 '매우 춥다', '매우 더워'라고 말하는 것인데, 만족하는가?

어휘력을 향상시키려면 very는 잠시 넣어두고, 더욱 정확하게 한국어와 맞는 단어들을 찾아서 외우는 것이 필요하다. 그래야 good, nice와 같은 기본적인 단어에서 벗어날 수 있다.

very cold 매우 추운 = freezing 얼리는 듯한
very hot 매우 더운/뜨거운 = scalding 델듯한, 펄펄 끓는
scorching 그을릴 듯한, 작열하는
sweltering 후덥지근한
very good 매우 좋은 = superb / excellent / terrific 훌륭한
very bad 매우 나쁜 / 안타까운 = awful / horrible / terrible 끔찍한

101. I caught someone eavesdropping outside the office.

102. Even my family could not stop me (from) studying abroad.

Challenge
103. I want all of you to organize information on the attractions and culture of the country, before setting out to travel.

104. I expect all of you to look through the handout before coming to this meeting.

105. I cannot risk you losing all the wealth for me.

2. 동사의 이해

언어를 공부함에 있어 가장 고통스러운 일은 아마 단어를 외우는 것일 것이다. 내가 명사라고만 생각했던 단어가 동사로 쓰이질 않나, 단어 하나를 검색해보면 수십 가지 뜻이 나오질 않나, 내가 외운 뜻이랑 해석은 왜 다른 지까지 상당히 골치 아팠을 것이다.
여기에 대한 이해를 돕고 스피킹에서 좀 더 쉽고 빠르게 동사를 선택하기 위한 몇 가지 방법을 이번 챕터에서 상세히 설명하고자 한다.

2-1. 명사가 동사가 되는 과정

외국인의 입장에서 영어를 공부하다 보면, 내가 분명 명사로 알고 있던 단어들이 동사로 사용되는 경우를 자주 목격한다. 물론, 원어민 입장에서는 그 단어는 원래부터 명사와 동사의 두 개의 뜻 모두 가지고 있는 단어들이다.
그렇다면 이 단어들은 왜 그러한 뜻을 가지고 있으며, 앞으로 이런 경우에는 어떻게 이해를 해야 할지 생각해봐야 한다. 이유는 앞으로도 그런 경우를 상당히 많이 마주할 것이기 때문이다.

이러한 단어는 우리 주의에서 자주 목격 되는 단어들인 경우가 많다. 즉 일반적인 사물이거나, 신체 부위 혹은 동물들, 심지어 고유명사(이름)도 동사로 사용이 될 수 있다. 이러한 단어들은 대부분 해당 명사의 이미지, 혹은 역할을 바탕으로 의미가 만들어지는 것이 대부분이다. (물론, 예외는 있다.)

일반적인 사물

단어	명사	동사
fire	불	(화기를) 쏘다, 해고하다
water	물	물을 주다
table	표, 탁자	(의안 등을) 상정하다
land	땅	착륙하다
book	책	예약하다
ship	배	수송하다
email	이메일	이메일을 보내다
message	메시지	메시지를 보내다
color	색	색을 칠하다
film	영화	(영화 등을) 찍다
force	힘	강요하다
plant	식물	심다
challenge	도전	도전하다
question	질문	질문하다

신체 부위

단어	명사	동사
head	머리	향하다
face	얼굴	마주하다
shoulder	어깨	어깨로 밀치다, 짊어지다
back	등	받쳐주다 (=지지하다)
arm	팔	무장하다
hand	손	건네주다
elbow	팔꿈치	팔꿈치로 밀치다
mouth (off)	입	(불쾌하고 크게) 말대꾸하다
butt (in)	엉덩이	끼어들다
kneel	무릎	무릎을 꿇다

동물

단어	명사	이미지	동사
rat (on)	쥐	배신자	밀고/배신하다
monkey (around)	원숭이	장난꾸러기	멍청하게 돌아다니다
chicken (out)	닭	겁쟁이	꽁무니를 빼다
pig (out)	돼지	먹보	먹어 치우다
duck (out)	오리	짧은 목	소리 없이 가버리다

동물의 경우 이 밖에도 많은 동물들이 동사로 사용되나, 자주 사용하는 것들만 모아 놓았다.

고유명사

단어	명사	이미지	동사
Facebook	페이스북	메신저	페이스북 메시지를 보내다
Google	구글	검색엔진	(구글에서) 검색하다
Whatsapp	왓쎕	메신저	왓쎕 메시지를 보내다.

이외에도 모든 사람들이 공감하는 역할이 있는 이름일 경우, 이런 형식으로 사용이 가능하다.

2-2. 한 상황을 표현하는 여러 단어

한 언어를 공부하면서 꼭 기억해야 하는 점은 "하나의 행동을 표현하는 방법은 다양하다."이다.

'(밥을) 먹는다'라는 표현을 할 때, 사람들이 당연히 먼저 떠올릴 단어는 eat일 것이다. 하지만, 이외에도 have, grab, take등으로 대체가 되듯, 각기 다른 뜻을 가지고 있는 단어들은 문맥상 행동이 비슷하다는 이유로 같은 단어처럼 사용되기도 한다.

예제 1) 위치하다: be located = be placed = sit = stand

예제 2) 지지하다: support = root = stand by ≒ (공개적으로) endorse = advocate

예제 3) (옷 등이) 잘 어울리다: fit = match = suit = look good = go with ≒ (해내다, 소화하다) pull off

예제 4) 증가하다: increase = go up = ramp up = mount up ≒ (성장하다) grow ≒ (날아오르다) take off

이외에도 위와 같은 예제는 영어뿐만 아니라 한국어에서도 상당히 많다. 그러므로, 단어를 그냥 듣고 흘려버리지 말고, 한 번쯤은 왜 그런 상황에서 사용됐는지 생각할 필요가 있다.

2-3. 한국어로는 같은 뜻이지만, 영어로는 다른 뜻인 단어들

가끔은 한국어로는 비슷한 의미로 알고 있었는데, 다른 상황에서 사용되는 단어들이 있다.
주로, 동사에서 많이 발견되는데 행동이 조금씩 다르기 때문에 구별해서 사용해야 한다.

예제 1) 행동하다: act
(상황에 맞게, 예의바르게) 행동하다: behave

예제 2) 말하다: (일방적인) say = utter, (대화) talk, (대화 및 언어) speak, (발표), present, (연설) speech, (공적인 연설, 말) address, (공적으로, 정확히 주장) state, (설교) preach,

예제 3) 웃다: laugh, (미소) smile, (씨익) grin, (킥킥) chuckle = giggle

2-4. 뜻은 조금씩 다르지만, 본질은 같은 단어들

이번에는 3번과 달리 뜻은 조금씩 다르지만, 본질은 비슷한 경우이기에, 상황에 따라 바꿔서 말할 수 있는 단어들이다. 이 경우, 2번과 비슷한 느낌으로 이해해도 좋다. 2번에서는 동사만 나열했다면, 이번엔 형용사만 나열하도록 하겠다.

예제 1) 필수적인, 근본적인, 본질적인: essential, fundamental, vital, necessary, elementary, primary, intrinsic, basic, rudimentary

예제 2) 중대한, 중요한: crucial, important, critical, major

예제 3) 만족스러운, 동의할 만한: satisfactory, acceptable

예제 4) 특별한: distinctive, unique, exclusive, special

영어를 공부하면서 이러한 방식으로 접근한다면 영어가 한국어와 많이 다르지 않음을 깨닫게 될 것이다. 또한 표현을 있는 그대로 받아들여 실생활에서 보다 올바르게 사용할 수 있다.

tip

단어의 뜻을 외울 땐 의역된 뜻을 직역으로 바꾸어 외우는 게 좋다.
사전에서 뜻을 찾다 보면, 뜻이 대부분 의역되어 나와있기 때문에 공부할 때 더욱 힘들게 한다. 그렇기 때문에 동사는 그 본질적인 행동을 이해하려는 노력이 아주 중요하다.

시제 Key Words

현재시제 (Present Tense) 연습

근면한: diligent

금지하다: ban   *forbid vs. ban vs. prohibit

forbid, ban, prohibit은 '금지하다'의미의 동사로

『동사 + 누가 + from + (~하는 것) V-ing』 의 형태를 자주 사용한다.

의미상 차이를 보자면, forbid는 법적으로 금지하는 게 아닌 에티켓에

반하는 행동을 금지한다는 의미에 가깝다.

ban은 보다 법률과 관련하여 금지한다는 뉘앙스를 준다.

prohibit은 불특정 다수에게 경고 및 명령조로 금지하는 뉘앙스를 준다.

의미상으로는 아주 큰 차이는 없기에 바꿔서 사용해도 무방하다.

실적: performance

영감을 주다: inspire

~할 만하다 :deserve

A에게 B를 상기시키다: remind A of B

납득시키다: convince

현재 진행형(Present progressive form) 연습

말도 안되는 생각: nonsense

기회: opportunity

누구의 신경을 건드리다: get on 누구's nerve

거만한: arrogant

창피하게 하다: embarrass

연락하다: contact

*contact N. 연락

on the way & in the middle of

잠시 들리다: drop by

*동의어: stop by, swing by, pass by

급한: urgent

갇힌, 막힌: stuck

다발, 묶음: bundle

미래시제 (Future Tense) 연습

희생: sacrifice

*sacrifice V. 희생하다, 희생시키다

자료: material

식재료: ingredient

기한이 만료되다: expire

철저한: thorough

방치하다: neglect

사안, 안건: agenda

과거시제 & 현재완료시제

없는, 결석한: absent

해외로, 해외에서: abroad

발견하다: detect

낭비하다: waste

*waste N. 낭비

영향을 미치다: influence

*influence N. 영향(력)

시작, 졸업식: commencement

*commence V. 시작되다

남자다운: manly

진보적인: progressive

망치다, 폐허로 만들다: ruin

*(일반적으로 복수형) ruins N. 유적

~에 집중하다: concentrate on

*concentration N. 집중

마이너스 통장: credit line

3. 시제

시제는 동사가 진행되는 시점(혹은 시간)을 알려주는 형식이다. 한국어에는 과거, 현재, 미래시제가 있고, '했다', '하다', '할 것이다'라는 형태를 취하게 된다. 영어는 과거, 현재, 미래시제 이외에도, '완료시제'라는 개념이 있다. 이 개념은 한국인에게 생소할 수 있기 때문에 이해할 때 어려움이 있을 수 있으나, 설명을 잘 읽으면 따라올 수 있으리라 믿는다.

이번 챕터에서는 각각의 시제 개념을 이해하고 한국어로 뜻을 살펴보는 것부터 시작하여, 과거와 미래에 해당하는 다양한 표현들(당연히, 자주 사용되는 표현들과), 이를 연습하기 위한 문장들까지 총망라하여 볼 것이다.

이번 챕터에서 연습문장까지 다 만들어 본 후에는 동사 10개를 정하여 시제에서 배운 표현들과 연결하여 말로 연습해야 한다. 연습은 표현을 생각하자마자 바로 입으로 나올 때까지 계속해야 한다.

현재시제 (Present Tense) 연습

현재시제라고 하면 현재 발생하는 일에서만 사용한다고 생각할지 모른다. 하지만 현재시제는 2가지 상황에서 사용이 되고, 그렇기에 현재 진행형 (present progressive form)과 구별할 필요가 있다. 일단 현재시제를 연습하고 이어서 현재 진행형을 살펴보도록 한다.

(1) 현재시제는 현재 발생하는 일이나 행동일 때 사용한다.

ex) 나 (지금) 아침 먹어.

ex) 우리 (이제) 출발해.

(2) 매일 혹은 자주 반복되는 것을 나타낼 때 사용된다.

ex) 미팅은 (아침 8시 반에) 열립니다.

ex) 나도 그 드라마 봐.

다음 문장을 영어로 말해보자.

tip

『주어 + 동사』 까지는 한 번에 끊어서 말할 수 있도록 연습해야 한다.

Day 22 현재시제 (Present Tense) 연습 ①

106. 나는 매일 아침 1km씩 뛰어요.

107. 대부분의 사람들은 그를 재밌고 근면한 사람이라고 생각해요.

Challenge 108. 회사는 직원들이 일과 일상 사이에 균형을 이루게 할 필요가 있다.

109. 이 음식점은 애완동물의 입장을 금지한다.

Challenge 110. 이 그래프는 매니저에게 지난 1년간의 직원들의 실적을 보여줘요.

Day 22 현재시제 (Present Tense) 연습 ①

106. I run 1km every morning.

107. Most people consider him funny and diligent.

Challenge
108. A company needs to have employees balance between work and life.

109. This restaurant bans pets (from) entering.

Challenge
110. This graph shows managers the performance of employees for the last year.

Day 23 현재시제 (Present Tense) 연습 ②

111. 여행을 향한 열정은 내가 영어공부를 하도록 영감을 준다.

Challenge 112. 이 애플리케이션은 학생들이 스케줄을 쉽게 짤 수 있게 도와줘요.

113. 우리는 더욱 나은 삶을 살기 위해 노력합니다.

114. 그의 얼굴이 어제보다 더 밝아 보인다.

115. 나도 머리 속에 생각하고 있는 게 있어.

Day 24 현재시제 (Present Tense) 연습 ③

116. 너는 이번에 승진할 만해.

117. 너보다 소중한 건 없어.

118. 이 강의는 내 대학교 시절을 떠올리게 해.

119. 네가 한 번 내가 이 물건을 사도록 설득해봤으면 해.

Challenge 120. 나도 이게 너에게 얼마나 큰 의미를 가지는 지 알아.

Day 23 현재시제 (Present Tense) 연습 ②

111. The passion for the trip inspires me to study English.

Challenge 112. This app helps students schedule easily.

113. We try our best to have a better life.

114. He looks brighter than yesterday.

115. I also have an idea forming in my head.

Day 24 현재시제 (Present Tense) 연습 ③

116. You deserve to get promoted.

117. Nothing is more important than you.

118. This lecture reminds me of my university life.

119. I would like you to convince me to buy this item.

Challenge 120. I know how much this means to you.

현재 진행형(Present progressive form) 연습

진행형은 『be + V-ing』의 형태를 가지며, 뜻은 '~하고 있다'이다. be동사를 과거형으로 바꿔서 『was + V-ing』 또는 『were + V-ing』의 형태로 말하면, 뜻은 '~하고 있었다'가 된다. 당연히 과거에 '~하고 있었는데'라고 말하고 싶을 때 활용해서 말할 수 있어야 한다.

'~하고 있다'라는 뜻은 현재 하고 있는 행동을 강조할 때 사용한다. 대부분의 수강생들이 말하는 패턴을 보면, 현재시제보다 현재 진행형을 매우 선호한다. 문장에 be동사가 없으면 어색하다는 이유로 진행형을 많이 말하지만, 현재시제에서 봤듯이 be동사가 없이 다른 동사만 말해도 문장이 문장이 되며, 자주 반복적으로 하는 행동에 대해서는 꼭 진행형이 아니라, 현재시제로 말해야 한다.

행동을 강조한다는 의미는 지금 하고 있는 행동을 의미 없이 강조하는 게 아니다. 물론 현재시제에서 말한, 반복의 의미를 없애기 위한 것일 수도 있으나, 상황에 따라 행동의 강조는 표면적 의미 이외에 다른 의미를 줄 수 있다.

이해를 위해 아래 상황을 보자. (예제가 극단적일 수는 있다.)

상황 1) 운전 중, 친구에게 전화가 왔다. 어떻게 대답할 것인가?
1번. '나 운전해.' 혹은 2번. '나 운전 중이야.'

아마 2번과 같이 대답한다면, 무의식 중에 '나중에 연락해.' 혹은 '용건만 간단히 말해줘.'라는 의미를 전달하고 싶었기 때문에 진행형을 사용했을 것이다.

상황 2) 회사 인터뷰를 봤다. 인사과에서 연락이 와 다음과 같이 말했다.
'저희 회사는 창의적으로 일 할 수 있는 직원을 찾고 있습니다.' 이 의미는 무엇일까?

물론, '당신은 인터뷰에서 탈락했다.'라는 의미로 받아들일 수 있을 것이다. 만약 인사과에서 '저희 회사는 창의적으로 일 할 수 있는 직원을 찾습니다.'라고 하면, 거절의 의미가 부족하기 때문에 '그래서?'라는 의문점과 함께 뒤에 이어질 대답을 기다릴 것이다.

다음 파트에서는 한국어로는 현재 진행형처럼 말하지만 영어로는 다른 식으로 표현이 가능하여 다른 표현을 사용하는 경우도 있어, 이에 대한 연습할 것이다.

be동사가 빠지면 어색하다고 주로 진행형을 써서는 절대 안 되고, 상황에 맞게 사용해야 한다. 또한 V-ing만 동사 자리에 사용할 수 없다. 이 형태에서는 언제나 『be동사 + V-ing』의 형태를 취해야 한다.

Day 25 현재 진행형(Present progressive form) 연습 ①

121. 너는 지금 말도 안 되는 소리를 하고 있어.

122. 저는 해외에서 일할 기회를 찾고 있어요.

123. 너는 최선을 다하고 있지 않잖아!

124. 그 삐그덕 거리는 소리가 날 거슬리게 하고 있어!

Challenge
125. 우리 회사는 올해 작년과 비교해서 2배의 수익을 내고 있습니다.

Day 26 현재 진행형(Present progressive form) 연습 ②

126. 기대도 안 하고 있었는데, 대단하시네요.

Challenge
127. 나는 네 탓을 하는 게 아니라, 앞으로 어떻게 행동해야 하는지 알려주고 있는 거야.

128. 자동차 연료가 떨어지고 있어요!

129. 너는 또 거만하게 굴고 있어!

130. 너의 행동은 지금 사람들 앞에서 날 창피하게 만들고 있어!

Day 25 현재 진행형(Present progressive form) 연습 ①

121. You are talking nonsense.

122. I am looking for an opportunity to work abroad.

123. You are not doing good enough!

124. That creaky noise is getting on my nerve!

Challenge
125. Our company is making twice as much this year compared to last year.

Day 26 현재 진행형(Present progressive form) 연습 ②

126. I was not expecting that but I was impressed!

Challenge
127. I am not blaming you but letting you know what to do from now on.

128. The car is running out of fuel!

129. You are being arrogant again!

130. You are embarrassing me in front of people.

Day 27 현재 진행형(Present progressive form) 연습 ③

131. 나는 그가 다른 아이들을 협박하는 걸 <u>그만두고</u> 올바른 길로 가도록 납득시키려고 <u>노력하고 있어</u>.

132. 너는 지금 너무 멍청하게 <u>굴고 있어</u>.

133. 모든 게 너무 잘 <u>되고 있어요</u>!

134. 너는 너의 여자 친구가 하루 이틀 연락이 없어도 괜찮다고 <u>말하는 거니</u>?

135. 어느 정도의 보상에 대해 <u>우리는 말하고 있는 겁니까</u>?

어휘 Level up!

very는 어휘 향상을 방해하는 단어이다. 여기서 알려줄 형용사는 뜻을 따로 외울 필요 없이, 기본 표현만 알고 있으면 그 보다 한 단계 더 높은 느낌을 준다는 것을 알고 있으면 된다.

very angry	매우 화난	furious
very smart	매우 똑똑한	intelligent
very perfect	매우 완벽한	flawless
very clean	매우 깨끗한	spotless
very ugly	매우 못생긴	hideous
very beautiful	매우 예쁜	gorgeous
very big	매우 큰	huge, amssive
very exciting	매우 신나는	thrilling, exhilarating

Day 27 현재 진행형(Present progressive form) 연습 ③

131. I am trying to convince him to come back on a right path, and stop bullying other kids.

132. You are being foolish now!

133. Everything is going so well!

134. Are you saying that it would be fine that your girlfriend does not contact you for one or two days?

135. How much compensation are we talking about?

진행형을 공부할 때 주의할 점 중 하나는 한국어로는 진행형의 느낌이지만, 영어로 말할 때 『be + V-ing』의 형태를 사용하지 않는 표현들이 있다. 다음 2가지 상황을 보자.

상황 1) 친구들과 만나기로 되어있다. 친구 중 한 명이 빨리 오라고 전화했다.

가고 있다고 대답하려고 할 때, 어떻게 대답할 것인가?
만약 'I am going.' 이라고 대답했다면, 이 상황에서는 틀렸다. 'I am coming.'이라고 대답했다면, '헐레벌떡' 가고 있는 느낌을 전달해 줄 수 있다. 하지만, 영어에서는 '나는 가는 길이다.'라고 대답하는 것이 가장 일반적이다. 그렇기에 'I am on my way.'라고 대답하는 것이 좋다.

상황 2) 중요한 미팅에 참석 중인데, 전화가 왔다.

'나는 지금 중요한 미팅 중이에요.'라고 대답하고 싶다면, 어떻게 말할 것인가? 'I am having an important meeting.'이라고 했다면, 때에 따라 약간 어색할 수 있다. 가장 무난한 대답은 'I am in the middle of an important meeting.'이라고 대답하는 것이다. 한국어에서 '중'은 가운데를 의미하는 'middle'로 표현함으로서 다양한 상황에서 좋은 표현을 만들 수 있다.

on the way

이 표현은 주어가 가고 있다고 표현하든 오고 있다고 표현하든 상관없이 사용할 수 있다. 즉, 오고 감을 영어로 할 때는 진행형보다는 이 표현을 사용하는 것이 좋다.

전치사 on이 주어가 그 길 위에서 진행하고 있는 느낌을 표현한다. 주어가 무엇인가에 따라 'the'는 주어의 소유격을 사용하는 경우가 일반적이다. 주어가 I라면 on my way, 주어가 she라면 on her way, 주어가 we라면 on our way로 말해주면 된다.

in the middle of

이 표현은 '~의 중간에'라는 뜻을 가지고 있다. 한국어와 똑같이 시간과 장소를 말해줄 때 사용할 수 있다. 이를 활용하여, '초반에, 초기에' 혹은 '결국, 마지막에'라는 표현으로 만들어 사용할 수도 있다.

'중간'에 해당하는 middle 대신, beginning을 넣어 'in the beginning'이라고 사용하면 '초반에, 초기에'라는 뜻을, end를 넣어 'in the end'라고 사용하면 '결국, 마지막에'라는 뜻으로 사용할 수 있다.

그럼, 위의 두 표현을 응용하여, 다음 문장을 영어로 말해보자.

Day 28 on the way & in the middle of ①

136. 집으로 돌아가는 길에 잠시 마트에 들렸다.

137. 영화 중간에 갑자기 화장실이 가고 싶어졌다.

138. 저 지금 되게 급한 일을 처리하고 있어요.

139. 차가 막혀 (길 한가운데에).

140. 한창 일하고 있는데, 꽃 한 다발이 나에게 배달이 되었다.

Day 29 on the way & in the middle of ②

141. 타이타닉호는 미국으로 건너가던 중 대서양 아래로 침몰했다.

142. 크리스마스가 오자, 로비 한가운데에 큰 나무가 들어섰다.

143. 죄송한데, 저 지금 대화중이에요. 10분 뒤 다시 올 수 있어요?

144. 저녁 먹다가 어딜 그렇게 급히 다녀와요?

145. 한밤중에 나는 잠을 이루지 못하고 뒤척이고 있었는데, 누군가 문을 열고 들어왔어.

Day 28 on the way & in the middle of ①

136. I dropped by a supermarket on the way back home.

137. I needed to go to a restroom out of a sudden in the middle of the movie.

138. I am in the middle of something very urgent.

139. I am stuck in the middle of the road.

140. A bundle of flowers was delivered to me in the middle of work.

Day 29 on the way & in the middle of ②

141. The Titanic had sunk in the Atlantic on the way to America.

142. As Christmas approaches, a huge tree is placed in the middle of the lobby.

143. Sorry but I am in the middle of a conversation. Could you come back in 10 minutes?

144. Where did you go in the middle of dinner?

145. I was tossing and turning on the bed in the middle of the night, and someone came through the door.

미래시제 (Future Tense) 연습

미래시제는 미래에 일어날 일 혹은 할 일을 표현할 때 사용되는 시제이다. 대표적으로 will과 같은 단어가 있으나, 이외에도 미래를 표현할 수 있게 도와주는 표현은 여러 가지가 있다. 이번 챕터에서는 아래 4가지 표현을 배울 예정이다.

(1) will : ~할 것이다

(2) be going to : ~할 예정이다 = 진짜 ~할 것이다.

(3) be about to : 막 ~할 참이다

(4) be supposed to (= be scheduled to) : ~하기로 되어 있다.
≒ ~해야 한다.

위의 표현들과 동사원형이 합쳐져서, will은 will do, will be처럼 뒤에 동사원형이 합쳐져 하나의 뜻을 이룬다. '~할 것이다'라는 뜻은 단순히 의지만을 보여주는 미확정된 미래를 말할 때 사용한다.

be going to는 be going to do, be going to be처럼 동사원형이 뒤에 와야 한다. '~할 예정이다'라는 뜻은 will과 다르게 확정된 미래나 계획을 말할 때 사용되며, 듣는 이에게 확신을 심어줄 수 있다. 즉, be going to와 will의 가장 큰 차이는 화자가 확신을 가지고 말하는지 아닌지가 된다. 한국어로 느낌을 바꾸면, '내가 진짜 꼭 하고 말거야.'라는 느낌이다. be동사를 과거형으로 사용하면 '~할 예정이었다.'라는 과거의 의미로도 사용 가능하다.

be about to도 be about to do, be about to be처럼 동사원형이 뒤에 와야 한다. '막 ~할 참이다'는 가까운 미래를 나타낼 때 사용하며, be동사를 과거형으로 말하면 가까운 과거를 말할 때 사용할 수 있다.

be supposed to도 위와 동일하게 동사원형이 뒤에 와야 한다. '~하기로 되어 있다'는 뜻은 미래를 나타내며, 동시에 '~해야 한다'라는 뜻으로도 사용될 수 있다. be동사를 과거형으로 사용해 말하면, '~하기로 되어있었다 (하지만 못하거나 하지 않음)'의 의미로 사용할 수 있다. 이러한 뜻을 만들기 위해서 『should + have 과거분사 (현재완료시제)』를 사용해도 된다.

위와 같은 경우 이외에도, 미래시제를 표현하는 방법은 다양하다. 예로 'plan (계획하다)'와 같은 미래를 나타내는 동사를 사용할 수도 있고, 5형식으로 사용하는 동사 중에도 want, expect, intend 등의 동사들도 미래적인 느낌을 전달해 줄 수 있다. 이후에 배울 조동사도 미래적인 의미를 담고 있다. 하지만 이 책에서는 위의 4가지 표현들만 다뤄볼 예정이다.

다음 문장을 영어로 말해보며, 연습해보자.

tip

한국어 문장에 주어가 없다면, 주체를 생각해서 붙여줘야 하거나 it을 주어로 사용하는 경우일 것이다.

Day 30 미래시제 (Future Tense) 연습 ①

146. 우리는 그의 영웅적 희생을 잊지 않을 거예요.

147. 내가 너에게 진짜 맛있는 피쉬앤칩스 사줄 테니까, 잠시만 기다려.

148. 저 방금 고객 만나러 떠날 참이었어요.

149. 그녀에게 연락할 방법을 찾아낼 거예요.

Challenge
150. 당신은 어제까지 모든 자료를 제출했어야 했어요.

Day 31 미래시제 (Future Tense) 연습 ②

151. 이거 맛봐 봐. 진짜 프랑스 음식처럼 맛이 날 거야.

152. 빨리 와요. 경기가 곧 시작될 거예요.

153. 남자가 먼저 프러포즈를 해야 하나요?

154. 결혼식에 파트너를 데려올 예정인가요? 아니면 혼자 올 예정인가요?

Challenge
155. 당신은 도움이 필요한 사람을 그냥 지나쳐서야 되겠습니까?

Day 30 미래시제 (Future Tense) 연습 ①

146. We will not forget his heroic sacrifice.

147. Wait for me. I am going to buy you a delicious fish & chips.

148. I was about to leave to meet a client.

149. I am going to find out a way to contact her.

Challenge 150. You were supposed to hand in all of the materials by yesterday.

Day 31 미래시제 (Future Tense) 연습 ②

151. Taste it. It will taste like authentic French food.

152. Come quickly. The game is about to start.

153. Is a guy supposed to propose first?

154. Are you planning to come to the wedding with a date or alone?

Challenge 155. Are you supposed to just ignore the one in need of help?

Day 32 미래시제 (Future Tense) 연습 ③

156. 그가 오늘 쉬기로 되어 있나?

157. 나는 저녁 먹으러 친구를 데리고 레스토랑에 갈 참이에요.

158. 이 식재료들은 유통기한이 얼마 남지 않았어요.

159. 2시쯤엔 클라이언트와 오후 미팅을 하기로 되어있습니다.

Challenge 160. 이번 주말에는 온 가족이 집안 대청소를 할 예정이에요.

Day 33 미래시제 (Future Tense) 연습 ④

161. 나는 행동하기 전에 한 번 더 생각해봤어야 했어.

162. 나는 아마 다시는 그의 말을 믿지 못할 거예요.

163. 그는 그 손목 통증을 무시해서는 안됐었다.

164. 다음 달에 판교에서 결혼식이 열릴 예정이에요.

Challenge 165. 내가 다음번엔 아주 본때를 보여줄 거야!

Day 32 미래시제 (Future Tense) 연습 ③

156. Is he supposed to take off today?

157. I am about to take a friend to the restaurant for dinner.

158. These ingredients are about to expire.

159. I am supposed to have a meeting with a client around 2 pm.

Challenge
160. The whole family is going to have a thorough cleaning this weekend.

Day 33 미래시제 (Future Tense) 연습 ④

161. You were supposed to think twice before taking action.

162. I am probably not going to take him for his word again.

163. He was not supposed to neglect the pain on his wrist.

164. The wedding is going to be held in Pangyo next month.

Challenge
165. I am going to teach him a lesson next time.

166. 수요일에 하루 휴가 내고 친구들에게 서울투어를 시켜줄 거야.

167. 내가 그의 형이잖아. 나는 그에게 어떻게 후회 없을 만한 결정을 내리는지 가르쳐줘야 해.

168. 어떻게 오늘 내가 여기 올지 알았어?

169. 내 아내를 보내주면, 널 찾지도, 쫓지도 않을 게.

Challenge
170. 이 사안은 내일 다시 논의해보도록 하죠.

어휘 Level up!

다음 표현들은 회사에서 자주 사용될 수 있는 것들이다. 알아두면 활용하기 좋으니, 꼭 외워서 활용해보도록 하자.

정석대로, FM대로, 원칙대로 -> by the book
맨 처음부터 -> from scratch
진퇴양난의, 빼도 박도 못하는 - > between a rock and a hard place
창의적으로 / 독창적으로 생각하다 -> think out of the box
전력을 다하다, 한발자국 더 가다 -> go extra mile
그렇게 어려운 일은 아니다 -> It is not a rocket science

Day 34 미래시제 (Future Tense) 연습 ⑤

166. I am going to take a day off and give my friend a tour in Seoul on Wednesday.

167. I am his brother. I am supposed to teach him how to make an unregretful decision.

168. How did you know that I will be here today?

169. If you let my wife go, I will not look for you or chase you.

Challenge
170. We will discuss this agenda tomorrow again.

과거시제(Past tense) & 현재완료시제(Present perfect tense) 연습

영어에서 과거를 나타내는 시제는 하나일까? 영어에서 과거는 총 3개, 즉 과거시제, 현재완료시제, 과거완료시제가 있다. 현재완료시제는 특히 과거시제 만큼 많이 활용되기 때문에 꼭 익숙해질 때까지 연습해야 한다. 한국어와 다르게 영어에서 과거 시제는 특정 과거 시점에 발생했던 일에 대해서만 말해준다.

즉 현재까지 해당 동작을 하고 있는지 아니면 과거에 끝났는지 알 수 없다. 그렇기 때문에 과거부터 지금까지 '해오고 있다' 혹은 '해 본 적이 있다'라고 표현하기 위해 현재완료 시제를 공부해야 한다. 현재완료시제는 『have + 과거분사』의 형태를 가지고 있으며, 이때 have는 조동사로서 특별한 의미를 가지지는 않고, 과거분사도 원래 과거분사의 뜻이 아닌, 현재완료시제를 말하기 위한 형태로서의 역할을 한다.

현재완료시제의 뜻은 과거형처럼 '~했다'뿐만 아니라 '~해오고 있다', '~해 본 적 있다'라는 말을 하기 위해서 사용한다. 과거분사 자리에 동사원형을 넣어 말하는 형태라고 이해하면 쉽다.

만약 과거서부터 현재까지 '~해오고 있다'라는 표현을 강조하고 싶다면, 과거분사 자리에 동사원형을 대신해 『be + V-ing (현재진행형 형태)』를 넣으면 된다. 즉, 『have + 과거분사』 대신 『have been + V-ing』 형태가 되면 '~해오고 있다'라는 표현으로만 이해하게 된다.

만약 '~해 본 적이 있다'라는 뜻을 강조하고 싶다면, 중간에 ever을 붙여 『have ever p.p』 이라고 말할 수도 있다. 하지만, 상황에 따라 이 둘을 구별하는 것은 문제가 없으니, 처음부터 구별할 필요 없이, 『have + 과거분사』 의 형태에 집중하여 연습하도록 하자.

tip

현재완료시제는 과거시제의 한 부류이지만, 현재 시점과도 연결이 되기 때문에, 특정 과거 시점을 말해주면 안 된다. 대신 'before (~전에)'와 'since (~이후로)' 같은 표현은 사용 가능하다.

미국 혹은 영국 드라마나 영화를 보다 보면, 과거시제뿐만 아니라 현재완료시제를 원어민이 얼마나 자주 사용하는지를 느낄 수 있다. 하지만 한국의 많은 수강생들은 보통 과거시제에만 익숙해져 현재완료시제를 사용하지 않는다. 이는 반드시 고쳐야 할 문제점들 중 하나이다.

다음 문장을 영어로 말해보며, 연습해보자.

Day 35 과거시제(Past tense) & 현재완료시제 (Present perfect tense) 연습 ①

171. 한국 사람들은 삼성과 LG 가전제품을 오랫동안 사용해 왔다.

172. 나는 10년 넘게 공부하라는 소리를 들어왔다.

173. 한 학생이 3일 전부터 결석해오고 있다.

174. 나는 앞으로 무엇을 해야 할지 생각해오고 있다.

Challenge
175. 어제 오후 3시경, 북한에서 로켓 발사가 감지되었다고 보고되었습니다.

Day 36 과거시제(Past tense) & 현재완료시제 (Present perfect tense) 연습 ②

176. 난 아직 해외로 여행을 가본 적이 없어.

177. 이렇게 자유로움을 느낀 적은 처음이야!

178. 나는 지난 1주일 동안 돈가스만 먹었어.

Challenge
179. 너무 많은 자원과 노력이 이 프로젝트에서 낭비되었다.

180. 스티브 잡스의 졸업연설은 지금까지 많은 젊은이들에게 영향을 주고 있다.

Day 35 과거시제(Past tense) & 현재완료시제 (Present perfect tense) 연습 ①

171. The Koreans have used the Samsung and Lg electronic products for a long time.

172. I have been told to study for over 10years.

173. A student has been absent since 3 days ago.

174. I have been thinking about what to do in the future.

Challenge
175. Yesterday at 3 pm, there was a launching rocket detected from North Korea.

Day 36 과거시제(Past tense) & 현재완료시제 (Present perfect tense) 연습 ②

176. I have never traveled abroad yet.

177. I have never felt so free.

178. I have eaten pork cutlets for the last one week.

Challenge
179. There have been too many resources and effort wasted in this project.

180. The commencement from Steve Jobs has influenced many of the young till now.

Day 37 과거시제(Past tense) & 현재완료시제 (Present perfect tense) 연습 ③

181. 에밀리는 직장을 떠나기 전, 우리에게 그동안 일에 대해 많은 것을 배웠다고 말했다.

182. 나는 한 번도 네가 정장을 입은 모습을 상상해본 적이 없다.

183. 첫 출근 이후로 난 한 번도 회사에 지각한 적이 없어요.

Challenge

184. 그날 내가 계속 춥다는 암시를 줬는데도, 너는 나에게 재킷을 권유하지 않았어.

185. 수줍은 많은 어린 아이가 훤칠한 남성으로 자라났다.

Day 38 과거시제(Past tense) & 현재완료시제 (Present perfect tense) 연습 ④

186. 20대들은 대체적으로 진보적인 정당을 지지해왔다.

187. 그는 너무 오랫동안 독신이었던 것 같아.

188. 내가 전부터 그 습관을 버리라고 너에게 말해왔잖아.

189. 그의 썰렁한 개그가 회식을 다 망쳤다.

190. 마이너스 통장은 때때로 내가 다시 일에 집중할 수 있도록 고무시켰다.

Day 37 과거시제(Past tense) & 현재완료시제 (Present perfect tense) 연습 ③

181. Emily, before leaving the company, told us that she learned many things about work.

182. I have never imagined you wearing a suit.

183. Since the first day at work, I have never been late.

Challenge

184. On that day, I kept dropping hints that I am cold, but you didn't offer me your jacket.

185. A little shy boy has grown up into a manly man.

Day 38 과거시제(Past tense) & 현재완료시제 (Present perfect tense) 연습 ④

186. The 20s generally have stood for the progressive party.

187. It seems he has been single for too long.

188. I have told you to lose the habit many times before.

189. His stale joke ruined the dinner gathering.

190. The credit line has inspired me to concentrate on the job I do from time to time.

과거완료시제(Past perfect tense) 연습

과거완료시제는 과거에 이미 종결된 행동에 대하여 말을 할 때, 특히 가정법에서 '과거의 어떤 행동을 했더라면 어떠했을 것이다.'라는 의미를 전달할 때 많이 사용한다.

과거완료시제는 『had + 과거분사』의 형태를 가지고 있으며, 한국어로 '~했었다.'이다. 비슷한 의미로는 '~하곤 했다'라는 의미의 『used to + 동사원형』를 사용할 수 있다.

다음 상황을 보며 현재완료시제와 과거완료시제의 차이점을 보도록 하자.

상황 1) 어제 룸메이트가 파티에 가서 아직 안 돌아왔다.

과거부터 지금까지 돌아온 상태가 아니기 때문에 현재완료시제로 사용해야 한다. 만약 과거시제를 사용한다면 yet을 붙여 현재완료시제처럼 느낌을 줄 수도 있다.

상황 2) 그때까지만 해도 그 사실에 대해 아무도 몰랐다.

어느 과거 시점에서 그전에 일어났던 일에 아무도 아직 몰랐기 때문에 현재와 전혀 관련이 없다. 이런 경우에는 과거완료시제를 사용해야 한다.

상황 3) 어릴 때 나는 여러 별명으로 불려 왔다.

경우에는 이제는 그 별명으로 나를 부르지 않기 때문에 과거완료시제를 사용해서 문장을 표현해야 한다.

상황 4)　2012년에 한 가족이 옆집으로 이사를 왔다.

이사를 온 상황이 이미 과거에 완료되었기 때문에 이 경우엔 과거완료시제를 사용해야 한다.

> tip
>
> 한국어 예제로는 의미가 잘 와닿지 않을 수 있으나, 이 시제를 사용하여 말한다는 것은 현재는 그 행동을 하지 않는다는 것을 내포한다는 것만 이해하면 된다.

과거완료시제는 여기서 따로 예제를 다루지 않고, 앞서 과거시제 & 현재완료시제 예제에 적용해서 다시 한번 만들어 보길 추천한다. 또한 미래완료시제는 사용하는 경우가 적어 이 책에서는 설명하지 않겠다. 가정법과 관련된 예제는 조동사에서 다룰 예정이다.

4. 전치사 at, on , in

전치사는 단어와 단어사이에 상관관계를 나타내는 단어로, 명사 뒤에 위치해 명사와 다른 명사의 관계를 나타내기 위해 사용한다. 또한 전치사에 해당하는 대부분의 단어들은 부사로서 동사 뒤에 위치하여 동작과 명사의 관계 혹은 방향성을 나타내기도 한다. 그렇기에 전치사 뒤에는 언제나 명사를 사용해야 한다는 점을 명심하길 바라며, 전치사구로 만들어 뜻을 이해하면 더욱 빠르게 익힐 수 있다. 전치사는 한 가지의 뜻만 가지고 있지 않고 다양한 뜻을 가지고 있는 경우가 대부분이다. 하지만, 전치사의 기본적인 느낌과 사용하는 때를 배운다면 한국어로 다양하게 해석될지라도 대부분 쉽게 이해할 수 있다.

전치사에 해당하는 단어로는 위의 at, on, in이외에도 to, about, for, of, next to, in front of, behind, down, up, with, along 등이 있고, 한국어로는 '~에', '~로', '~에 대해', '~위해', '~의', '~ 옆에', '~앞에', '~뒤에', '~위로', '~아래로', '~와', '~을 따라' 등이 있다. 다른 말로 하면, 전치사는 위치(장소)의 관계, 시간상의 관계, 혹은 추상적인 관계를 나타낼 때 사용될 수 있다.

tip 전치사구

구(phrase)란 주어와 동사가 없는 형태를 말한다. 전치사는 뒤에 명사가 위치할 수 밖에 없으므로 당연히 구로서 사용할 수 밖에 없다. 즉 전치사구는 우리가 전치사를 사용하는 방법(전치사 + 명사) 그 자체로 뜻을 가진다. 전치사구가 명사를 꾸며줄 땐 형용사로서의 역할을 하며, 동사 뒤에 위치하며 부사로서 사용될 수도 있다. 동사 뒤에 위치하여 동작과 명사의 관계를 설명하는 것은 구동사(phrasal verb)를 공부하는 것이 좋다.

이 챕터에서는 시간과 장소를 설명할 때 사용하는 at, on, in을 비교하며 볼 것이다. 기본적으로 '~에'라고 이해하면 되며, 나타내고자 하는 시간이나 장소의 크기에 따라 차이가 생긴다.

(1) at

at은 정확한 특정 지점을 가르킬 때 사용된다. 이는 꼭 이번 챕터에서 공부할 시간과 장소가 아니더라도 어떠한 한 지점에 있는 상태를 나타내거나 원인 등과 같은 것을 나타낼 때도 사용할 수 있다.
시간을 나타날 때의 at은 시(hour) 단위를 나타낼 때 사용하거나 특정한 때와 날을 나타낼 때도 사용할 수 있다.

at 7 o'clock	7시에
at 8:30 a.m. at 8:30 in the morning	아침 8시에
at 6 p.m. at 6 in the evening	저녁 6시에
at lunch	점심에
at noon	오후 12시(정오)에
at midnight	오전 12시(자정)에
at the moment	현재
at the end of the movie	영화 마지막에
at the beginning of July	현재

장소를 나타낼 때의 at은 정확한 특정 장소를 말해줄 때도 사용한다. 크게 본다면 주소의 번지 수에 해당하는 정확한 건물이나 특정 가게를 말해줄 때 사용할 수도 있고, 작게 본다면 탁자나, 꼭대기, 목표물과 같은 것들을 가르킬 때 사용할 수도 있다.

at a school	학교에서
at a café	카페에서
at number 6 Hamilton street	해밀터로 6번길에서
at work	회사에서
at the top	꼭대기에
at the table	테이블에
at a little boy	어린 소년에게
at 3 targets	3 목표물에

at은 실질적인 장소가 아니더라도 정확한 눈금을 가르킬 수 있는 양(amount)이나 특정 상황이나 상태에 있는 경우라면, 이 때 역시 at을 사용할 수 있다.

at 50km/h	시속 50키로로
at $50	50달러에
at his 50	그의 나이 50에
at 50 meters deep	50미터 깊이에
at war	전쟁에
at the point of use	사용시에
at the loss	어이 상실에

(2) on

전치사 on은 아주 다양한 상황에서 사용이 되기에 상황을 한 번에 다 볼 수 없다. 위치를 가르키는 on은 표면과 붙어있음을 말해주기 위해 사용할 수 있다. 우리가 자주 사용하는 '~위에'라는 뜻도 여기에 해당하며, at 보다 넓은 의미인 길을 말해줄 때, 층(floor)을 말해줄 때, 대중교통을 이용중일 때도 사용한다. 전부 위에 붙어있는 느낌인 것을 알 수 있을 것이다. 또한, on은 site(website포함)를 가르키거나 길이나 강, 바다 등 옆을 가르킬 때도 사용할 수 있다.

on the Abbey road	애비로에서
on 5th avenue	5번가에서
on a street	길에서
on my way back home	집에 돌아가는 길에
on Mang-Po boulevard	망포대로에서
on the 5th floor	5층에
on the wall	벽에
on a bus	버스에
on the site	그 현장에서
on Facebook	페이스북에서
on the coast	해안에

시간을 나타날 때의 on은 기본적으로 하루 단위에 해당 요일, 일 단위의 날을 가르키는데 사용이 된다. 즉, 월요일, 화요일 등과 같은 요일이나 주말, 평일, (몇 월) 몇 일에 해당하는 경우, 특정 중요 날(생일, 광복절, 새

해)을 가르킬 때 사용할 수 있다.

on Monday	월요일에
(on) Mondays	월요일마다
on weekend	주말에
*weekdays	주말마다 (on을 사용하지 않음)
on weekdays	주중에 / 평일에
on June 1st on June the first	(미국식) 6월 1일에
on 15th of August on the fifteenth of August	(유럽식) 8월 15일에

(3) in

in은 '~안쪽'이라는 뜻 이외에도 많은 뜻으로 사용되지만, 위치와 시간을 말해줄 때에 대해 일단 살펴보도록 하겠다. 위치를 가르키는 in은 on에서 봤던 것보다 더 넓고 경계선이 있는 곳에 사용이 된다. 이는 마을 단위 이상인 모든 곳에 적용된다고 보면 된다.

in this village	이 마을에서
in Bo-jung Dong	보정동에서
in Suwon	수원에서
in Kyoung-Gi province	경기도에서
in South Korea	대한민국에서

시간을 가르키는 in은 주(week)단위 이상에서 사용이 가능하다. 또한 하루의 부분을 나타낼 때에도 사용이 가능하다.

in this week	이번주에는
in January	1월에는
in Autumn	가을에는
in next semester	다음 학기에는
in 2nd quarter	2분기에는
in 2019	2019년도에는
in 70s	70년대에는

tip

in vs. on vs. at의 활용 플러스

in	on	at
하루의 부분을 나타낼 경우	day를 쓰는 경우 하루의 부분 중 특정한 날인 경우	day를 쓰지 않는 경우
in the morning	on independence day	at Easter
in the afternoon	on Christmas day	at Christmas (time)
in the evening	on the morning of the day I met her	
	on the morning of July	*at night

조동사 Key Words

현재

(생각해서) 알아내다: figure out
(쏟아) 버리다, 차다: dump
문제: matter
*matter V. 중요하다
천적, 철천지원수: nemesis
실망: disappointment
*disappoint V. 실망시키다
진실된: sincere
(생각이) 떠오르다: come up with:
거절하다: turn down
대하다, 대우하다: treat
*treat N. 한턱(대접), 선물

과거

처리하다, 대처하다: deal with
go with: 어울리다
*동의어: match, fit, suit
덜 익히다: undercook
*undercooked Adj. 덜 익은
진정제, 안정제: tranquilizer
눈에 잘 띄는: noticeable
확인하다, 확정하다: confirm
출발하다: set out
* go on V. ~에 가다
무심결에: in passing
꾸짖다: scold
타협하다: compromise
* N. 타협
승인하다: approve (of)

5. 조동사

앞서 챕터 문장의 구조와 구성에서 설명된 바와 같이 동사를 공부할 때는 동사를 최대한으로 활용하여, 다양한 의미를 전달해주기 위해 시제, 조동사, 그리고 수동태의 형태를 공부해야 한다. 그렇다면 조동사는 동사에 어떠한 뜻을 추가할 수 있게 도와줄까?

시제에서 배운 내용을 통해, '하다'라는 표현을 '했다', '해오고 있다', 또는 '~할 것이다' 등의 표현으로 바꿔 말했다면, 조동사는 '~할지도 모른다', '~할 수 있다', 또는 '~해야 한다'와 같은 뜻으로 바꿀 수 있도록 도와준다.

tip

시제에서 be supposed to의 뜻을 제대로 공부했다면, '~하기로 되어있다'라는 미래적 표현이 '~해야 한다'라는 뜻으로도 사용될 수 있음을 눈여겨볼 수 있다. '~해야 한다'는 조동사의 뜻인데, 미래시제로도 표현할 수 있다는 것은 조동사의 뜻들이 미래적인 느낌을 담고 있음을 역으로 생각할 수 있다.

조동사는 다음과 같은 순서로 외우도록 한다.

might < may	< **could < can**	< **should**	< **would < will**	< **must**
~일지도 모른다	~일 수 있다	~여야 한다	~할 것이다	~해야만 한다
~할지도 모른다	~할 수 있다	~해야 한다	~일 것이다	~이어야만 한다
*may: ~하세요	*추측. 할 수도 있다	*추측. ~일 것이다	추측. ~일 듯하다	
	일 수도 있다	~할 것이다	추측. ~할 듯하다.	
				추측. ~임에 틀림없다
				~ 함에 틀림없다

조동사를 활용할 때 꼭 지켜야 하는 원칙 3가지가 있다.

(1) 조동사 뒤에는 동사원형이 나와야 한다.

즉 동사원형은 '-s'가 붙어서도 안되고, 다른 형태로 변해서도 안된다. 이는 의미가 전혀 성립하지 않기 때문이다. 끊어서 읽고 말하는 것에 익숙하다면 한국어로 해석해보면 쉽게 알 수 있다.

또한 더욱 자세한 표현을 하고 싶을 때, 조동사의 의미를 섞는 경우가 있다. can과 will의 뜻을 섞어 '~할 수 있을 것이다' 혹은 might과 must의 뜻을 섞어, '~해야 할지도 모른다'와 같은 뜻으로 말하는 경우이다. 이 경우 한국어로 동사 쪽에 오는 단어를 일반동사로 표현해야 한다.

'~할 수 있을 것이다'에서 동사 쪽에 오는 단어는 'can (~할 수 있다)'이므로 비슷한 뜻을 가진 일반동사인 be able to로 바꾸어, 『will be able to + 동사원형』의 형태로 말해야 한다.

'~해야 할지도 모른다'에서 동사 쪽에 오는 단어는 'must (~해야 한다)'이므로 비슷한 뜻을 가진 have to로 바꾸어, 『might have to + 동사원형』의 형태로 말해야 한다.

(2) 조동사는 과거형이 없다.

많은 수강생들이 might를 may의 과거형으로, could를 can의 과거형으로, would를 will의 과거형으로 생각한다. 이는 완전히 맞는 말도, 틀린 말도 아니다. 하지만 조동사의 개념과 사용법을 이런 방식으로 접근하게 되면 매우 애매하게 보일 수 있다. 즉 모든 조동사는 각기 다른 단어로 보는 게 처음에는 현명하다.

tip

스피킹을 연습하는 초반에는 필요 없는 지식이지만, 혹시나 정확하게 배워보고자 하는 학생들을 위해 could, would가 언제 과거의 의미를 가지는지 보도록 하겠다.

could가 과거형으로 쓰이는 경우에는 과거에 할 수 있었던 능력에 대해 말할 때만 사용할 수 있다. 예로 “살이 찌기 전에는 손끝이 발끝까지 닿을 수 있었다.”라든지, “다리 찢기가 가능했다.” 혹은 “숨을 참고 50m수영을 완주할 수 있었다.”의 경우가 이에 해당한다. 하지만, 여전히 could를 과거로 사용하는 방법보다는 아래 조동사에 설명되어 있는 방식처럼 was / were able to를 사용하길 추천한다.

would는 과거의 습관적 행동이나 일상에 대해 말해줄 때 사용할 수 있다. 예로 “예전에 나는 누구와 만나 무엇을 했다”와 같은 문장에서 사용할 수 있다. 즉 would는 ‘~할 것이었다’와는 다른 뜻으로도 사용할 수 있다.

(3) 조동사는 전부 추측의 의미가 있다.

예로 can과 could는 언제나 '~할 수 있다'라고 사용되는 것은 아니다. 내 능력을 표현하는 것이 아닌 그 정도 확신을 가지고 추측하는 경우에도 사용할 수 있다. 자세한 내명은 아래에 각 조동사 별로 설명하였다.

might / may ~일지도 모른다, ~할지도 모른다 (추측) / ~하세요 (may)

'~일지도 모른다'라는 뜻을 보면 확신의 정도가 매우 약한 추측이라는 것을 알 수 있다. might과 may 둘 다 이 뜻으로 사용될 수 있고, may는 추가적으로 '~하세요'라는 허락을 나타낼 때도 사용할 수 있다.

이 조동사를 활용하여 만들 수 있는 표현으로는, '~할 수 있을지도 모른다 (might / may be able to)'와 '~해야 할지도 모른다 (might / may need to 혹은 might / may have to)'가 있다.

그렇다면, 이러한 might과 may의 추측의 의미의 과거형인 '~했을지도 모른다', '~였을지도 모른다'는 어떻게 만들까? 여기서 기억할 것은 첫 번째로 조동사는 과거형이 없고, 두 번째로 무조건 동사원형만이 조동사 뒤에 연결될 수 있다는 것이다.

그렇다면 남은 방법은 영어 시제에서 답을 찾는 것이다. 영어의 과거시제 중 동사원형으로 시작하는 시제는 『have + 과거분사』의 형태를 가진 현재완료시제밖에 없다. 그렇기 때문에 조동사 뒤에 현재완료시제를 붙여 과거의 의미를 만들어 줄 수밖에 없다. 주의할 점은 이 방법은 추측의 의미를 과거형으로 말해줄 때만 사용 가능하다.

tip

조동사는 보통 추측의 의미와, 기본적인 의미 2가지를 가지고 있고, 이를 각각 과거시제로 바꾸는 법은 다르다. might과 may는 추측의 의미만을 과거형으로 만들 수 있다. '~하세요'라는 허락의 의미는 과거형이 없다.

could / can

~일 수도 있다/ ~할 수도 있다 (추측)
~일 수 있다 / ~할 수 있다

추측의 의미인 '~일 수도 있다'와 '~할 수도 있다'는 might과 may의 뜻이었던 '~일지도 모른다'보다는 강한 확신을 가지고 말할 때 사용한다. 능력이나 일반적인 사실을 말해주는 기본 의미인 '~일 수 있다', '~할 수 있다'라는 능력에 대해 말해줄 때 사용한다.

이 책에서는 조금 더 쉽게 조동사를 이해하고 사용하기 위해서, 추측의 의미를 주고 싶을 땐 could만 사용하고, 능력과 일반적인 사실을 말해줄 땐 can만 사용하도록 하겠다.

그렇다면, 각각의 의미를 과거형으로 바꾸고 싶다면 어떻게 바꿔야 할까? 추측의 의미를 가지는 could는 앞서 정리했던 might과 may에서와 같이 동사원형 자리에 『have + 과거분사』를 적용해, 『could have +

과거분사』로 사용하면 된다.

can은 일반적으로 could로 쓰는 것이 아니라 can과 같은 의미를 가지는 일반동사의 형태로 바꿔 그 일반동사를 과거형으로 바꿔줘야 한다. 즉, can을 일반동사로 바꾸면 be able to라는 형태가 되며 이를 과거형으로 바꿔서 was able to 혹은 were able to로 바꿔주면 된다.

should **~일 듯하다 / ~ 할 듯하다 (추측)**
~이어야 한다 / 해야 한다 (~하는 게 좋겠다)

should의 추측의 의미인 '~일 듯하다'와 '~할 듯하다'는 '~일 수도 있다', '~할 수도 있다'보다 조금 더 발생할 것 같은 일에 대해 말을 할 때 사용한다.

should의 기본적인 뜻은 이상적인 행동이나 이에 대한 조언을 해줄 때 사용할 수 있는 '~하는 게 좋겠다'이다. 처음 배울 때 한국어의 뜻으로 '~해야 한다'라고 배우기 때문에 이를 강압적인 말로 오해할 수 있으나, should는 다음과 같은 상황에서 사용이 된다.

상황 1) 이 장소에는 주민들을 위한 시설이 들어와야 해. (들어오는 게 좋을 듯 해.)

조언일 수도 있지만 보다 이상적인 상황에 대해 설명한 경우이다.

상황 2) 그에게 사실대로 말하는 게 좋겠어. (말해야 해.)

이 경우는 이상적인 상황이기도 하지만 보다 조언에 가깝다.

should의 경우 역시 바꿔서 쓸 수 있는 표현과 should와 비슷하게 들리지만 must에 가까운 표현들이 있다. 자주 사용되는 표현들이니, 잘 알아듣기 위해서라도 꼭 알아둬야 한다.

(1) ought to: should와 같은 의미를 가지고 있으며, 줄여서 oughta라고 말할 수도 있다.

(2) had better: 직역하면 '~하는 게 좋겠다'라는 표현이다. 하지만 그렇게 행동하지 않으면 좋지 않은 결과가 발생할 거라는 의미를 담고 있기에 조언이 아니라, 강압적인 느낌을 줄 때 사용한다.

(3) have got to: must와 가까운 표현으로 줄여서 gotta라고 보통 말한다.

그렇다면 should의 과거형은 어떻게 만들어야 할까? 추측의 의미는 앞선 다른 조동사들과 똑같이 『should have 과거분사』의 형태로 사용하면 되며, 이때, 이 뜻은 '~였어야 했다', '~했어야 했다'이다. 『might have 과거분사』와 『could have 과거분사』, 『should have 과거분사』, 그리고 이후에 나올 『would have 과거분사』 모두 행동하지 않은 가정된 행동을 나타내며, 때때로 이로 인한 후회를 표현할 때 사용할 수 있다.

조언과 이상적인 상황을 표현하는 should의 기본 의미에는 따로 과거형이 없고, 'would have been better (~하는 게 좋았을 것 같다)'과 같이 만들어 사용한다.

would / will ~일 것이다 / ~ 할 것이다 (추측)
~일 것이다 / ~ 할 것이다

'~일 것이다', '~할 것이다'라는 표현은 '~일 듯하다', '~할 듯하다'보다 더욱 확신을 가진 추측의 의미이다. 미래시제에서 배운 뜻과 동일하게 미래를 표현할 수도 있고, 추측의 느낌일 수도 있다. 하지만 과거형은 서로 다른 형태로 만들어 말한다.

추측의 의미를 과거로 만들면, '~였을 것이다', '~했을 것이다'이며, 이는 『would have 과거분사』의 형태로 만들어 사용한다.

미래 의미의 과거는 '~할 거였다'이며, will은 가장 비슷한 be going to를 활용하여, was going to 또는 were going to로 말하며, 뜻은 '~할 거였다'이다.

이와 같이 배우면 좋은 표현 중 하나는 would rather이라는 표현이 있다. 역시 뒤에 동사원형을 붙이면 되며, '(~하느니) 차라리 ~하겠다'라는 표현이다.

예제 1) **집에서 통근을 하느니, 차라리 회사 근처로 작은 원룸으로 이사를 가겠다.**

I would rather move to a studio near the work, than commute from home.

예제 2) **난 별로 답변하고 싶지 않아요.**

I would rather not say.

예제 3) **그걸 먹느니, 차라리 죽겠다.**

I would rather die than eat that.

must **~임에 틀림없다, ~함에 틀림없다 (추측)**
~여야만 한다 / ~해야만 한다

must는 아주 확신을 가지고 말할 때 사용한다. 일반적인 표현으로는 '~여야만 한다', '~해야만 한다'라는 강압적인 표현이기도 하다. 그러나 이를 이용하여 다음 상황과 같이 조언을 표현할 수도 있다.

상황 1) **남 1: 내가 청혼하려면 다이아반지를 사 가야 할까?**

남 2: 당연히 사 가야지!

must의 추측의 의미의 과거는 '~였음에 틀림없다', '~했음에 틀림없다'이며, 이 역시 『must have 과거분사』의 형태로 사용하면 된다.

must의 기본 의미인 '~여야만 한다', '~해야만 한다'의 과거형은 'have to (~해야 한다)'를 과거형으로 사용하여, 『had to 동사원형』라는 형태로 사용한다.

중요한 점은 이 두 표현은 부정이 되었을 때이다. must의 부정형은 must not으로 '~하지 말아야 한다'가 되며, have to의 부정은 'do(es) not have to'로, '~하지 않아도 된다'라는 의미가 된다.

만약 추측의 뜻인 '~임에 틀림없다', '~함에 틀림없다'를 과거형으로 말하면, '~일리가 없다'라는 말이 되며, 영어로는 cannot을 사용하여 표현할 수 있다. 이외의 부정형은 『부정문의 이해와 활용』에서 다루도록 한다.

tip

위 내용을 축약해서 말한다면 조동사의 추측의 의미를 과거형으로 사용하고 싶을 땐 『조동사 + have 과거분사 (현재완료)』의 형태로 말하고, 기본 의미를 과거형으로 사용하고 싶다면 해당 조동사의 뜻과 비슷한 일반동사를 과거형으로 사용하면 된다.

내용이 많고, 규칙성을 파악하기 힘든 수강생들을 위해 아래 표로 다시 정리했다. 조동사를 스피킹에 빠르게 적용하기 위해 아래와 같이 나눴다는 점을 알린다.

조동사	추측의 의미	기본적인 의미
might	~일지도 모른다 ~할지도 모른다	
may	(might과 동일)	~하세요

might have 과거분사 may have 과거분사	~였을지도 모른다 ~했을지도 모른다	
could	~일 수도 있다 ~할 수도 있다	
can		~일 수 있다 ~할 수 있다
could have 과거분사	~였을 수도 있다 ~했을 수도 있다	
was able to were able to		~일 수 있었다 ~할 수 있었다
should	~일 듯하다 ~할 듯하다	~이어야 한다 ~해야 한다
should have 과거분사	~였어야 했다 ~했어야 했다	
would	~일 것이다 ~할 것이다	
will		~일 것이다 ~할 것이다
would have 과거분사	~였을 것이다 ~했을 것이다	
must	~임에 틀림없다 ~함에 틀림없다	~이어야만 한다 ~해야만 한다
must have 과거분사	~였음에 틀림없다 ~했음에 틀림없다	
had to		~였어야만 했다 ~했어야만 했다
must not		~이지 말아야 한다 ~하지 말아야 한다
do(es) not have to		~이지 않아도 된다 ~하지 않아도 된다

각 조동사 별로 같거나 비슷한 표현들도 아래에 정리하였다. 일반동사는 조동사가 아니므로 추측의 의미를 가지지 않는다. 그렇기 때문에 추측의 과거와 기본 의미의 과거형은 나눠서 외우고 연습해야 한다.

조동사	일반동사	참고할 표현
can	be able to	
should		ought to (=oughta)
will	be going to	
will		would rather
must	have to	
must		have got to (=gotta)
must		had better

그리고 앞서 조동사와 같이 설명한, 조동사를 응용한 꼭 알아야 할 표현들도 아래에 정리하였다.

대부분 '~할 수 있다'는 뜻을 가지고 있는 be able to를 붙이거나, '~해야 한다는 have to를 붙여서 의미를 만들어준다. 이 영역은 표현 자체를 외우는 것보단 기본적인 뜻을 활용하는 단계이므로 외워서 사용하려고 하면 안된다.

	추측의 의미
might be able to may be able to	~일 수 있을지도 모른다 ~할 수 있을지도 모른다
might have to may have to = might need to may need to	~이어야 할지도 모른다 ~해야 할지도 모른다
should be able to	~일 수 있어야 한다 ~할 수 있어야 한다
would be able to will be able to	~일 수 있을 것이다 ~할 수 있을 것이다
would have to will have to	~여야 할 것이다 ~해야 할 것이다

앞 내용들을 활용하여, 다음 문장을 영어로 말해보자.

Day 39 조동사(현재) 연습 ①

191. 자세히 말해줘야 내가 원인을 파악할 수 있어요.

192. 이 음식점에 와야만 너는 정말로 파리에 와봤다고 말할 수 있지!

193. 이런 날이 오다니, 믿을 수가 없어.

194. 그는 여자 친구가 그를 차 버릴지도 모른다는 것을 두려워했다.

195. 제가 이 문제를 해결할 때까지 충분한 시간을 벌어주신다면 감사하겠어요.

Day 40 조동사(현재) 연습 ②

196. 우리가 지금은 원수 같은 사이지만 미래에는 친구가 될지도 모르잖아.

197. 오늘이 내 생일인지 네가 기억이나 할지 모르겠다.

198. 이 건물은 병원 건물로 딱 일 것 같아.

Challenge

199. 나는 너에게 실의에 빠진 사람 앞에서 무엇을 말해도 되고 안되는지 가르쳐줘야 할 것 같아.

200. 만약 네가 진심으로 사과하지 않으면 아무것도 개선되지 않을지도 몰라.

Day 39 조동사(현재) 연습 ①

191. I can figure out the cause when you tell me the details.

192. You can finally say that you have been to Paris, after a visit to this restaurant.

193. I cannot believe that this day finally came.

194. He was afraid that his girlfriend might dump him.

195. I would appreciate it if you can buy some time for me till I solve this matter.

Day 40 조동사(현재) 연습 ②

196. We are like nemeses for now, but we might become friends in the future.

197. You may remember that today is my birthday.

198. This building would be a perfect one for the hospital.

Challenge
199. I will have to teach you what to say and not to say in front of the person in disappointment.

200. Unless you make a sincere apology, nothing might be improved.

Day 41 조동사(현재) 연습 ③

201. 너 고객과 미팅하러 가기 전에 머리 좀 확인하고 가는 게 좋겠다.

202. 네가 원하면 뮤지컬 티켓 두 장 정도는 구해줄 수도 있어.

203. 나 이제 가봐야 할 듯해!

204. 아마 거기까지 가려면 한 2시간쯤 걸릴 거예요.

Challenge
205. 아직은 말해주지 않는 게 좋겠어. 너무 띄워주면 그가 거만해질 거 같거든.

Day 42 조동사(현재) 연습 ④

206. 그녀의 머리 좀 봐봐!

Challenge
207. 이것보다 더 좋은 아이디어를 생각할 수 없겠는데요. 잘했어요, 제이크.

208. 안타깝게도 이 제안은 거절해야 할지도 모르겠어요.

209. 사람들을 그렇게 대하면 안 돼!

210. 넌 뭐든지 네 방식대로 하려고 해선 안돼. 다들 자기만의 방식이 있는 걸.

Day 41 조동사(현재) 연습 ③

201. You should probably check up on your hair before having a meeting with your client.

202. I could get you 2 tickets for the musical if you want.

203. I should probably get going.

204. It would probably take around 2 hours to get there.

Challenge
205. It would be best not to tell him yet. Otherwise, it would get him cocky.

Day 42 조동사(현재) 연습 ④

206. You must check out her hairstyle!

Challenge
207. I do not think we can come up with a better idea than this. Great job, Jake.

208. Unfortunately, I might have to turn down this offer.

209. You cannot treat people like that!

210. You should not try to do everything in your way. Everyone has their own way of doing it.

Day 43 조동사(과거) 연습 ①

211. 그는 계약을 따내기 위해서 무엇이든 <u>했을 것이다</u>.

212. 그녀는 네가 먼저 전화해주기를 <u>원했을 수도 있어</u>.

213. 이 문제는 진작에 <u>해결됐어야 했어</u>!

214. 어제 파티에서는 이 정장이 너에게 <u>잘 어울렸을지도 모르겠다</u>.

215. 정말 죄송해요. 직원이 실수로 음식을 <u>덜 조리했나 봐요</u>.

Day 44 조동사(과거) 연습 ②

216. 그의 의도를 미리 알아차렸다면, 나는 절대 이 계획에 <u>동의하지 않았을 것이다</u>.

217. 내가 이 주식을 더 빨리 샀다면, 수익률이 좀 더 <u>올라갈 수도 있었다</u>.

Challenge 218. 그 비밀은 무슨 일이 있더라도 <u>누설하지 말았어야지</u>.

219. 이 버스를 놓쳤으면, 회사에 <u>지각할 뻔했다</u>.

Challenge 220. 이 일은 자네에게 시키는 게 아니라 내가 직접 <u>했어야 했어</u>.

Day 43 조동사(과거) 연습 ①

211. He would have done anything to get the contract.

212. She could have wanted you to call her first.

213. This matter should have been dealt with earlier!

214. This suit might have gone better with you for the party last night.

215. I am terribly sorry. One of the staffs might have undercooked the dish.

Day 44 조동사(과거) 연습 ②

216. If I had figured out his intention, I would have never agreed on this plan.

217. If I had bought this stock earlier, the profit could have gone up a little bit higher.

Challenge
218. You should not have spilt the beans, whatever it takes.

219. If I had missed the bus, I could have been late at work.

Challenge
220. I should have done it by myself, not letting you do it.

Day 45 조동사(과거) 연습 ③

221. 신경안정제를 먹은 후에야 이 놀이동산에서 가장 빠른 롤러코스터를 탈 수 있었다.

222. 빨간색을 선택했다면, 더욱 눈에 잘 들어왔 수도 있어.

223. 그녀는 지금쯤이면 사무실에 돌아왔을지도 몰라요.

224. 내가 여행을 출발하기 전에, 호텔 예약을 확인했어야 했어.

225. 내가 무심결에 비밀을 약간 누설했을지도 몰라.

Day 46 조동사(과거) 연습 ④

226. 그는 또 부장님에게 한 소리 들었음에 틀림없다.

227. 진작에 너와 먼저 만나서 얘기했어야 했어야 했는데!

228. 내가 만약 세상과 타협했다면, 나는 여기 없었을 거야.

229. 번호가 하나만 더 맞았으면, 내가 로또 당첨이 됐을 수도 있었는데!

Challenge
230. 사장님이 이걸 승인해줬을 리가 없는데?

Day 45 조동사(과거) 연습 ③

221. I was able to take the fastest rollercoaster in this amusement park, just after having a tranquilizer.

222. If you had chosen red, it could have been more noticeable.

223. She might have come back to the office by now.

224. I should have confirmed the booking for the hotel, before setting out on a trip.

225. I might have spilt the beans a little bit in passing.

Day 46 조동사(과거) 연습 ④

226. He must have got scolded by the director.

227. I should have had a talk with you first!

228. If I had compromised with the world, I would not have been here now.

229. If I got one more number correct, I could have won the lotto!

Challenge
230. The boss could not have approved of this.

부정문의 이해와 활용 Key Words

이민: emigration
*migrate vs. immigrate vs. emigrate
migrate는 '(짧은 기간 임시적으로) 이동하다'라는 느낌을 준다.
immigrate는 '이주해 오다'라는 뜻으로 오는 느낌을 줄 때 사용한다.
emigrate는 '이민을 가다'라는 뜻으로 떠나는 느낌을 줄 때 사용해야 한다.

일부러: on purpose
질색이다, 참을 수 없다: can't stand
고통: pain
심오한: profound
의심: doubt
*doubt V. (아닐 거라) 의심하다
개인적인: personal
구별하다: distinguish
운명: destiny
들어본 적이 있다: ring a bell
~와 관계가 없다: have nothing to do with

6. 부정문의 이해와 활용

앞선 연습 문장에서는 부정형을 쓰는 문장들을 일부러 배제하거나 아주 기본적인 부정어인 not을 붙여 문장들을 만들었다.

이 챕터에서는 부정의 의미를 가지는 다양한 단어들을 보고, 어느 자리에 위치를 시켜야 하는지를 연습하며, 앞서 배운 내용들도 복습을 할 예정이다.

문장을 부정문으로 말하는 방법은 크게 2가지로 나뉜다. 첫 번째는 동사를 부정하는 것이고, 다른 하나는 명사를 부정하는 것이다. 이를 각각 '명사 부정', '동사 부정'이라고 편의상 부르겠다.

동사를 부정하는 방법은 빈도에 따라 '절대 ~안 하다', '거의 ~안 하다', '더 이상 ~안 하다', '~안 하다'이 있고, 명사를 부정하는 방법은 명사의 수에 따라 '0명이다'와 '거의 없다'가 있다.

이를 도식화해서 보면 이해하기 더욱 쉬울 수 있다.

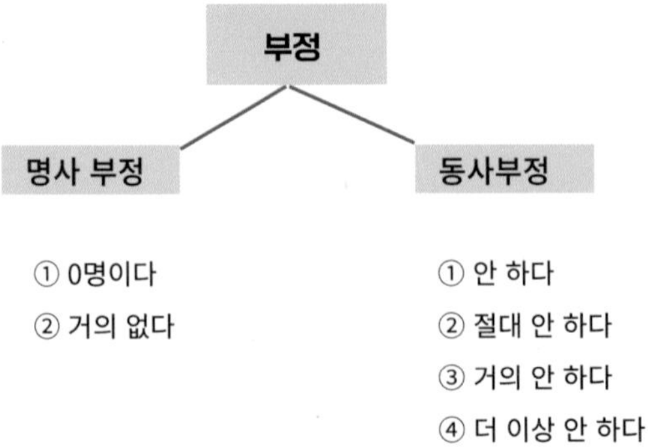

Not 안 하다

기본적으로 not을 사용하는 방법에 대해 보도록 하겠다.
not은 각각 일반동사와 be동사에 붙일 때 차이가 난다. 일반동사는 be동사를 제외한 모든 동사를 일컫는다. be동사는 변형 형태로 am, is, are, 과거로 was, were이 있다. 일반동사의 경우 not은 조동사 do와 결합해서 사용한다. 그렇기 때문에 『do(es) not + 동사원형』, 『did not + 동사원형』의 형태로 사용한다. 다시 한번 강조하자면, 맨 처음 나오는 do(es), did는 형식을 위한 조동사이다.

주의할 점은 완료시제이다. 완료시제는 『have 과거분사』의 형태이며, 여기서 사용하는 have도 조동사 역할을 하므로, 『have not 과거분사』와 같은 형태로 사용해야 한다. 현재완료시제에서 사용하는 have와 '가지다'라는 뜻으로 사용하는 have의 이해를 돕기 위해 2가지 예제를 준비했다.

예제 1) 나는 아직 저녁을 먹지 않았다.

이 경우, 현재완료시제를 사용하는 표현이므로, "I have not had dinner yet."으로 표현한다.

예제 2) 나는 가지고 있지 않아.

이 경우 동사가 have이므로, 일반동사와 같은 형식으로 "I do not have it."으로 표현하면 된다.

be동사의 경우, 동사 바로 뒤에 not을 붙여 사용한다. am not, is not과 같은 형태이다.

조동사와 연결하여 사용할 때는 앞서 일반동사에서 설명한 것과 같이 『조동사 not 동사원형』의 형태를 가지며, 과거형을 표현하고 싶다면, 동사원형은 바꾸지 말고, 조동사를 변형해야 한다. 이는 조동사 챕터에서 이미 설명한 바가 있다.

위의 내용을 다음과 같은 표로 간략하게 표현했다.

am	am not	'm not / ain't (ain't는 표준어법은 아니다)
is	is not	isn't / ain't
are	are not	aren't / ain't
was / were	was not / were not	wasn't / weren't
have / has	have not / has not	haven't / hasn't / ain't
had	had not	hadn't / 'd not
do / does	do not / does not	don't / doesn't (일반동사의 부정형으로 쓰임)
did	did not	didn't
will / would	will not /would not	won't / wouldn't /'d not
can / could	cannot / could not	can't / couldn't
should / must	should not / must not	shouldn't / mustn't
*be going to	be not going to	위의 be동사와 같다
*be able to	be not able to	위의 be동사와 같다
* have to	don't have to	have to는 준조동사로 하나로 취급한다.

Never 절대 안 하다

never의 위치는 not과 똑같지만, 일반동사의 경우에는 조동사 do를 붙이지 않는다는 차이점이 있다. 즉 do not을 never로 대체한다고 생각하며 된다.

다음 예제들을 통해 일반동사, be동사, 조동사가 각각 올 때 어디에 위치하는지 보자.

예제 1) 나는 절대 소고기를 먹지 않아.

일반동사를 사용하는 문장이다. 이 경우, 동사 앞에 never를 위치시켜 사용한다. 그러므로, 예제 문장을 영어로 하면 “I never eat beef.”이다.

예제 2) 친구와 수다를 떨 때, 나는 절대 지루하지 않아.

be동사를 사용하는 문장이다. not에서 보았듯, be동사를 뒤에 위치를 시켜서 사용한다. 또한, be동사를 활용하는 be going to, be able to도 똑같이 be never going to, be never able to로 말할 수 있다. 그러므로, 예제 문장을 영어로 하면, “I am never bored when having a chit-chat with a friend.”이다.

예제 3) 이 계획은 절대 안 먹힐 거야.

미래시제이자, 조동사인 will을 사용하는 문장이다. 조동사 바로 뒤에 위치시켜 사용하므로, 예제 문장을 영어로 말하면, "This plan will never work."가 된다.

Hardly, Barely, Rarely 거의 안 하다

이 단어들을 처음 보면, 각각 hard, bare, rare이라는 형용사에 -ly가 붙은 것으로 생각할 수 있다. 하지만 의미는 그것들과는 전혀 다른 의미를 가진 단어로 '거의 안 한다'라는 뜻으로 사용되며, hardly, barely, rarely 이외에도 scarcely, seldom 등이 이와 똑같이 사용된다. 하지만 위의 3 표현만 알아도 스피킹에는 전혀 문제가 없다.

그렇다면, 이 부정어는 문장의 어디에 위치시켜 사용해야 할까?
답은 바로 never과 같다.

아래 예제를 보며, 다시 한번 확인하도록 한다.

예제 1) 나는 모르는 번호는 거의 받지 않아.

일반동사를 사용한 문장이다. hardly, barely, rarely 중 하나를 일반동사 앞에 위치시켜 '거의 받지 않는다'라는 뜻을 만들어주면 된다. 그러므로, 예제 문장은 "I rarely pick up the phone from the unknown number."로 만들어 주면 된다.

예제 2) 이러한 습관은 한국인에게는 거의 보이지 않는다.

be동사를 이용한 문장이다. hardly, barely, rarely 중 하나를 be동사 앞에 위치시켜 사용하면 된다. 그러므로, 예제 문장은 "This kind of habit is hardly seen in the Koreans."이다.

예제 3) 어떻게 돌아가고 있는지 알 수도 없어!

이 문장은 조동사 can을 사용하는 문장이다. '알다'라는 표현은 know 이외에도 see로 자주 사용한다. 조동사 뒤에 hardly, barely, rarely 중 하나를 위치 시켜 사용한다. 그러므로 예제 문장은 "I can barely see what is going on."이다.

No longer 더 이상 안 하다

만약 '더 이상'이라는 단어를 듣고 anymore이라는 단어만 생각했다면, 이 표현도 알아 두는 것이 좋다. 이 표현 역시 never, hardly와 같은 위치에 온다. 예제를 통해 no longer과 'not ~ anymore'을 사용하는 두 경우 모두 보도록 한다.

예제 1) 우리는 더 이상 그 회사에서 일하지 않아요.

일반동사를 사용하는 문장이다. 'not ~ anymore'을 활용하면, "we do not work in the company anymore."이라고 표현할 수 있고, no longer을 활용하면, "we no longer work in the company."라고 표현할

수도 있다. no longer을 사용하면, 문장이 더욱 간결해지는 것을 볼 수 있다.

예제 2) 그는 더 이상 우리 팀의 일부분이 아니다.

'아니다'를 보고 나면, '이다 (be 동사)'를 부정의 형태로 바꾼 것임을 알아야 한다. 'not ~ anymore'을 활용하면, "He is not a part of this team anymore."이라고 표현하면 된다. no longer을 활용하면, "He is no longer a part of this team."이라고 표현하면 된다.

예제 3) 그들은 이곳으로 더 이상 돌아오지 않을 지도 모른다.

조동사 might를 활용해야 하는 문장이다. 'not ~ anymore'을 활용하면, "They might not come back here anymore."으로 표현할 수 있다. no longer을 활용하면, 'They might no longer come back here.'으로 표현할 수 있다.

No 0개, 0명

not과 다르게, no는 기본적으로 0을 의미하는 단어이다. 명사를 부정하면, 위에서 배운 동사 부정을 사용하지 않고도, 문장을 부정할 수 있다. 기본적으로 『no + 명사』의 형태로 사용할 수 있으며, no를 숫자 0과 동일하게 이해해야 한다. 한국어로만 보면 어려움이 있을 수 있기 때문에, 더욱 자세히 이해하기 위해 문장을 직역과 의역으로 동시에 보며 이해하도록 한다.

예제 1) **의역) 이 곳에는 너의 이야기를 들어줄 사람이 단 한 명도 없어!**

직역) 이 곳에는 너의 이야기를 들어줄 사람이 0명이 있다.

영어) Here is no one who will listen to you.

"사람이 한 명도 없다."라는 의미는 명사 부정으로 표현할 때는, "0명의 사람이 있다."라고 표현할 수 있다. 이러한 표현은 원어민들이 자주 사용하는데, 이유는 부정이 강조되기 때문이다.

만약 동사 부정으로 "이 곳에는 너의 이야기를 들어줄 사람이 없어."라고 표현한다면, 위의 의역처럼 "단 한 명도 없어."와 다르게 부정이 강조가 되어 있지 않음을 볼 수 있다.

예제 2) **의역) 나 잔돈이 하나도 없네.**

직역) 나는 0개의 잔돈을 가지고 있어.

영어) I have no change.

"잔돈이 하나도 없네."라는 표현은 no을 이용하여, "0개의 잔돈이 있네." 라고 표현할 수 있다. 만약 not을 이용해서 일반적으로 부정을 하고 싶다면, '아무'에 해당하는 any를 추가하여 문장을 말할 수도 있다. 즉, "I have no change."의 같은 표현은 "I do not have any change."이다.

예제 3) **의역) 그 누구도 이 장소를 찾아낼 수 없어!**

직역) 0명의 사람이 이 장소를 찾아낼 수 있어!

영어) No one can ever find this place.

"이 장소를 찾아낼 수 없어!"라는 표현은 위와 동일하게, "0명의 사람만이 이 장소를 찾아낼 수 있어!"라는 표현으로 바꿔 표현할 수 있다. 이 표현을 not과 any로 표현하려면 가장 적절한 표현은 "There is not anyone who can find this place."로 문장이 상당히 길어지게 될 것이다. 명사 부정 no를 제대로 이해하기 위해 Tip을 참고하도록 한다.

tip

Every / Any / Some / No

every, any, some, no라는 단어는 여러 단어들과 같이 붙어서 자주 쓰인다. 각각의 의미를 자세히 알고 있으면 여러 문장에서 활용할 수 있다.

every는 '모든'이라는 의미로 10이면 10, 100이면 100개(명)를 뜻한다. 만약 1부터 10번 그룹이 있다면, 1~10 전부를 뜻하게 도와주는 단어이다. any는 '어느' 혹은 '아무'이라는 의미로 불특정 숫자의 사람들 혹은 물건을 말할 때 쓴다. 말한다 (e.g. 아무나, 어느 곳에서나) some은 '어떤'이라는 의미로 특정 숫자의 사람 혹은 물건을 말할 때 쓴다. no는 '없는'이라는 의미로 0개(명)를 뜻한다. 만약 1~10번의 그룹이 있다면, 그중 아무도 해당하지 않음을 말해준다.

	Thing (물건, 것)	One (사람 혹은 물건)	Body (사람)
Every	**Everything**	**Everyone**	**Everybody**
	(모든 것)	(모두)	(모두)
	Every day	Every couple	Every student
	(매일)	(모든 커플)	(모든 학생)
Any	Anything	Anyone	Anybody
	(아무거나)	(아무나)	(아무나)
	Any country	Any leader	Any parents
	(어느 나라나)	(어느 지도자나)	(어느 부모님이나)
Some	Something	Someone	Somebody
	(어떤 것)	(어떤 사람은)	(어떤 사람)
	Some stores	Some dogs	Some clerk
	(어떤 상점은)	(어떤 강아지들은)	(어떤 점원은)
No	Nothing	No one	Nobody
	(아무것도 X)	(아무도 X)	(아무도 X)
	No restaurant	No player	No neighbor
	(어느 음식점도 안함)	(아무 선수도 안함)	(아무 이웃도 안함)

Few & Little

이 단어들은 각각 a few, a little과는 구별해서 사용해야 하며, 셀 수 있는 명사인지 없는 명사인지에 따라 또 구별해야 한다. 자주 사용되고, 의미에 크게 영향을 주는 단어들이므로, 아래 표를 보고 이해하도록 한다.

의미	셀 수 있는 명사	셀 수 없는 명사
거의 ~없는	few	little
약간의	a few	a little

의미를 보면 알 수 있듯, a few는 약간이라도 있음을 말해줄 수 있는 반면에, few는 부정적으로 '거의 없는'이라는 뜻을 표현해준다. 주의할 점은 명사가 셀 수 있는 명사인지 셀 수 없는 명사인지 확실히 알아야 한다는 것이다. 기본적으로 눈에 보이는 것들은 대부분 셀 수 있다. 그리고 추상적인 것들은 셀 수 없다는 걸 전제로 하되, 예외는 언제나 존재한다.

tip

셀 수 없는 명사들의 분류

✓ 고유명사(이름): Suwon, Seoul, Jacob, LG, Samsung, 등등.

✓ 일정한 형태가 없는 것들 : air, water, coffee, sugar, salt, electricity, 등등.

✓ 추상적인 것들: experience, knowledge, information, beauty, anger, fun, love, safety, 등등.

✓ 그룹: art, luggage, furniture, tea, bread, pork, 등등.

✓ 예외: money, trouble, behavior, advice, work, 등등.

아래 예제들을 보며, 더욱 깊게 이해해 보자.

예제 1) 의역) 이제 물이 별로 안 남았어.
직역) 이제 거의 없는 물만이 남겨져 있다.
영어) Only little water is left now.

no와 상당히 비슷한 방식으로, 한국어로는 동사를 부정하여 "물이 별로 안 남았어."라고 표현한다면, 영어식 표현은 "거의 없는 물만이 남았어."라고 표현할 수 있다. 또한, 물은 셀 수 없는 명사이기 때문에, few 대신 little을 사용해야 한다.

예제 2) 의역) 제이콥은 사업에 대해 거의 모른다.
직역) 제이콥은 거의 없는 사업적 지식을 가지고 있다.
영어) Jacob has little knowledge of business.

"사업에 대해 거의 모른다."라는 말은 "사업적 지식을 거의 가지고 있지 않다."라는 말과 같다. 물론, 동사 부정을 하기 위해 hardly, rarely, barely를 사용할 수도 있고, 명사 부정을 하고자 한다면, "사업적 지식을 거의 가지고 있지 않다."라는 말을 한 번 더 바꿔서, "거의 없는 사업적 지식을 가지고 있다."라고 말해줘야 한다.

예제 3) 의역) 아직 이 강의를 들은 사람이 많지 않다.
직역) 아직 거의 없는 사람만이 이 강의를 들었다.
영어) Only few people have taken this class.

먼저 이해를 위해 알고 있어야 할 내용은 '강의를 듣다'라는 표현은 영어로 'take a class'라는 표현을 사용한다는 것이다. 또한, 사람은 셀 수 있는 명사이다. "이 강의를 들은 사람이 많지 않다."라는 표현은 "이 강의를 들은 사람이 거의 없다."라고도 표현할 수 있다.

이를 영어로 표현하면, "There are few people who took this class." 라고 표현할 수 있다. 하지만, 'there is ~', 'there are ~'이라는 표현을 피하고 조금 더 간결하게 하면 "거의 없는 사람만이 이 강의를 들었다." 로 문장을 말한다면, 직역된 문장처럼 "거의 없는 사람만이 이 강의를 들었다."라고 표현할 수도 있다.

그렇다면, 앞서 배운 내용들과 부정형을 연계하여 다음 예제 문장들을 말해보자.

Day 47 부정어의 이해& 활용 연습 ①

231. 오늘만큼 재밌게 논 적이 없었어!

232. 넌 지금 네가 어떤 일에 연루되어 있지는 하나도 몰라.

233. 너 나에게 이민에 대해 말했던 적 한 번도 없었잖아.

234. 일부러 그런 거 아니에요.

Challenge 235. 네가 힘들어서 우는 걸 보기 정말 힘들었어.

Day 48 부정어의 이해& 활용 연습 ②

236. 이런 심오한 얘기를 나눌 친구는 많지 않아.

237. 언제나 모든 사람들의 기대에 부응하며 살 순 없을지도 몰라.

238. 이런 건 내 인생에 한 번도 본 적이 없는 건데.

239. 우리 말고는 아무도 이 일을 맡을 사람이 없어.

240. 이 깨알 같은 휴식은 그냥 얻어지는 게 아냐. 그건 언제나 의심할 여지도 없는 사실이야.

Day 47 부정어의 이해& 활용 연습 ①

231. I have never had fun like today!

232. You have no idea what you are into.

233. You have never told me once about emigration.

234. I did not do it on purpose. (I did not mean to do it.)

Challenge
235. I was not able to stand seeing you cry in pain.

Day 48 부정어의 이해& 활용 연습 ②

236. There are only few friends to talk about profound subjects.

237. You may not be able to live up to everyone's expectations.

238. I have never seen anything like this in my life.

239. No one would take this job, but us.

240. This kind of small break does not come easily. There has never been any doubt about that.

Day 49 부정어의 이해& 활용 연습 ③

241. 나 더 이상 너에게 감정 없어.

242. 회사에서 시킨 거야. 절대 개인적인 감정은 없었어.

243. 그는 더 이상 현실과 꿈을 구별할 수 없는 지경입니다.

244. 난 너무 집중해서 그녀가 내 등 뒤에서 내 컴퓨터 화면을 보는 것도 거의 알아채지 못했어요.

245. Challenge 내가 일부러 그 조그마한 마을로 여행 갈 이유는 없어 보이는데요?

Day 50 부정어의 이해& 활용 연습 ④

246. 넌 안경 없으면 5m 앞에 있는 것도 거의 못 보잖아.

247. 너를 멈추는 건 한 번도 내 운명이 아니었어.

248. Challenge 일레인이요? 누군지 잘 모르겠는데요.

249. 그건 저와 관련이 하나도 없네요.

250. 커피는 아무리 마셔도 부족하죠.

Day 49 부정어의 이해& 활용 연습 ③

241. I no longer have feelings for you.

242. The company ordered me to do it. It was nothing personal.

243. He can no longer distinguish between reality and dream.

244. I was so focused that I hardly noticed her looking at the screen behind me.

Challenge
245. I see no reason to travel to that small little village on purpose.

Day 50 부정어의 이해& 활용 연습 ④

246. You can barely see 5 meters away without glasses.

247. It was never my destiny to stop you.

Challenge
248. Elaine? It does not ring a bell.

249. It has nothing to do with me.

250. You can never have too much coffee.

to 부정사 Key Words

형용사적 용법

변명: excuse *excuse V. 용서하다, 변명하다

권리: right

자진하다: volunteer *do volunteer work: 자원봉사활동을 하다.

승진시키다, 홍보하다: promote

분위기를 조성하다: set the tone

(난관이나 길목을) 통과하다, 통과하게 하다: get through

발표, 소식: announcement *announce: 발표하다

차례: turn

부사적 용법

동료: coworker

*coworker vs. colleague

coworker와 colleague는 비슷하게 사용될 때가 많으나, coworker는 같은 곳에서 일하는 사람들을 지칭하는 단어이다.

반면에, colleague는 같은 장소에서 일하지는 않더라도 비슷한 직무를 하는 사람들을 지칭할 때도 사용할 수 있다.

무죄: innocence *innocent: 무죄의

무엇을 끝내다: get 무엇 done

진심을 떠보다: sound out

적어도: at least

아마: probably * 동의어: maybe, perhaps

오류: error

냉혈한: cold-blooded

확정적인, 확실한: definitive

7. to부정사

앞서 주어와 동사까지 문장을 만들고, 활용하는 방식을 연습했다면, 이 챕터부터는 명사를 꾸며 더욱 자세한 문장을 만드는 방법을 공부할 것이다. 명사를 꾸며주는 방법으로는 to부정사, 현재분사(-ing형태), 과거분사, 관계사(that, which, who 등등)이 있다.
다음과 같은 예제를 통해 명사를 꾸며준다는 것이 무엇을 의미하는지 이해해보도록 하자. 예제로 사용할 명사는 식재료, 동기, 책임, 생각, 여행 5가지로 하겠다.

예제 1) 요리에 사용할 식재료

이 표현에서 명사는 '식재료'이고, 꾸며주는 말은 '사용할'이다. 부가적으로 '요리에'라는 말을 붙여 문장에 바로 넣을 수 있는 표현을 만들었다. 한국어는 일반적으로 '부가적인 표현 (부사) - 꾸며주는 말 (형용사) - 명사'로 이루어져 있지만, 영어는 이를 반대로 진행하면 된다. '사용할'을 나눠보면, '사용하다'와 '~할'이라는 두 개의 단어로 이루어져 있다. '~할'은 미래에 발생할 동작을 형용사로 표현한 것이며, to부정사를 사용해 말할 수 있다. 이 표현을 영어로 말하면, 'an ingredient to use in this dish'가 된다.

예제 2) 내가 계속 공부하게 하는 동기

일단 이 표현을 영어로 말하기 위해 직역으로 바꾸면 '내가 공부하게 유지하는 동기'가 된다. 이 표현에서 명사는 '동기'이고, 꾸며주는 말은 '유지하는'이다. '유지하다'라는 동사'keep' 뒤에는 '누가 어떻게 하게'라는 5

형식 구조를 써야 한다. '유지하는'를 나눠보면, '유지하다'와 '~하는'이라는 두 개의 단어로 이루어져 있다는 것을 알 수 있다. '~하는'은 특정 과거 시점부터 지금까지 진행되고 있음을 나타내며, 현재분사 V-ing를 사용한다. 이 표현을 영어로 말하면, 'motivation keeping me studying'가 된다.

예제 3) 국민들로부터 받은 책임

이 표현에서 명사는 '책임'이고, 꾸며주는 말은 '받은'이다. 부가적으로 '국민들로부터'라는 말을 붙여 표현을 이해하기 쉽게 만들었다. '받은'이라는 표현은 영어로 '주어진'이라고도 생각할 수 있다. 즉 '받은'이라는 표현은 '받다'라는 표현에서 바꾼 것이 아니라, '주다'라는 단어를 변형한 것이다. '받은'은 '주다'의 과거분사의 의미이다. 과거분사는 과거에 당한 느낌을 줄 때 사용하는 형용사이다. 이에 대한 내용은 과거분사에서 자세히 다루도록 한다. 이 표현을 영어로 말하면, 'a responsibility given by the public'이 된다.

예제 4) 내 머릿속을 스쳐간 생각

이 표현에서 명사는 '생각'이고, 꾸며주는 말은 '스쳐간'이다. '스쳐가다'라는 동사'come through' 뒤에는 '~을, 를'이 나와야 하므로, 달리 부가적인 표현은 사용하지 않았다. 동사를 형용사로 사용했을 때에도 문장의 형식에서 배운 것처럼 똑같이 동사 뒤를 문장 형식에 맞게 이어 말하면 된다. '스쳐간'은 '스쳐가다'와 '~한, ~했던'이라는 두 개의 의미로 이루어져 있다. '~한', '~했던'이라는 표현은 to부정사, 현재분사, 과거분사로는 표현할 수 없는 일반적인 동사 과거형을 형용사로 만든 표현이다. 이런 경우에는 관계사 중 관계대명사를 사용하며, 이 예제에서는 간단히

that을 사용하도록 하겠다. 관계사에 대한 자세한 설명은 관계사 챕터에서 하도록 한다. '스쳐가다'는 머릿속을 통과한 느낌으로 come through라고 표현하며, 여기서는 과거형인 came through를 사용한다. 여기에 that을 붙여, 'that came through my mind'로 말하면 '내 머릿속을 스쳐간'이라는 표현이 된다. 명사가 앞에 위치하고 꾸며주는 말은 꾸며주고자 하는 명사 뒤에 위치하므로, '내 머릿속을 스쳐간 생각'은 'a thought that came through my mind'가 된다.

예제 5) 내가 계획해 온 여행

이 표현에서 명사는 '여행'이고, 꾸며주는 말은 '내가 계획해 온'이다. 예제 4와 다르게, 주어와 동사로 이루어진 불완전한 문장이 형용사로 바뀐 형태이다. 이 경우에도 관계대명사를 사용한다. '내가 계획해 온'은 '내가 계획해 왔다'와 이를 형용사로 바꾸는 that으로 이루어져 있다. 이 표현을 영어로 말하면 'that I have planned'가 된다. 그리고 이 표현은 '여행'이라는 명사를 꾸며주는 말이므로, 앞에 여행이라는 의미를 가진 the trip을 붙여 'the trip that I have planned'으로 말하면 된다. 만약 '계획해 왔다'라는 현재완료의 표현이 아니라 '계획하다'라는 현재시제의 표현으로 바꾼다면, 'the trip that I plan'으로 that뒤에 나오는 동사 부분에 변화를 주면 된다.

예제 1번~5번까지 각각 to부정사, 현재분사, 과거분사, 『관계사 + 동사』, 『관계사 + 주어 + 동사』를 활용하여 명사를 꾸며주는 방식과 순서를 설명하였다. 이를 이해하고 연습하길 바란다.

to부정사의 이해

영어에서 to의 역할은 크게 2가지이다. 하나는 『to + 동사원형』으로 이루어진 to부정사와 『to + 명사』로 이루어진 전치사 to이다. 만약 개념이 확실하지 않다면, Tip을 참고하도록 한다.

to부정사는 문장에서 3가지 역할로 사용될 수 있다. 명사 (~할 것, ~하기 위한 것), 형용사 (~할, ~하기 위한), 부사 (~하기 위해서)이며, 이번 챕터에서는 명사를 제외한 형용사와 부사로 to부정사를 사용하는 법을 집중적으로 연습한다.

연습 예제를 보기 전에, 아는 동사 10개 정도를 정리해서 to와 붙여서 보도록 하자. 동사의 뜻과 '~할, ~하기 위한'이라는 뜻을 합쳤을 때, 어떤 느낌이 나는지 한국어로 정확히 알아야 한다.

연습 예제 1) to use의 뜻은?

만약 to use는 to의 '~할, ~할 것, ~하기 위해서'라는 뜻과 use의 '사용하다'의 뜻이 합쳐져야 한다. 즉 to use는 '사용할 것, 사용할, 사용하기 위해서'라는 뜻으로 말할 수 있어야 한다. 그리고 그 반대로 '사용할', '사용할 것', '사용하기 위해서' 중 하나의 의미를 사용하려고 할 때, to use로 말할 수도 있어야 한다.

연습 예제 2) to have의 뜻은?

연습 예제 1과 같이 to의 '~할, ~할 것, ~하기 위해서'라는 뜻과 have의 '가지고 있다'의 뜻이 합쳐져야 한다. '가질 것, 가지기 위한 (혹은 가지고 있기 위한), 가지기 위해서'라는 뜻이 바로 입 밖으로 나와야 한다. 하지만 have는 또한 '~하게 하다'라는 뜻도 있으므로, '~하게 할 것, ~하게 할, ~하게 하기 위해서'라는 뜻도 나올 수 있어야 한다. 역시 한국어를 떠올리면 영어로 바로 말할 수 있을 정도로 연습해야 한다.

tip

to부정사 & 전치사 to

To 부정사는 동사를 명사, 형용사, 부사로 만들어 쓰는 형태를 말하며, to 다음에 당연히 동사원형이 나와야 한다.

전치사 to는 '~(으)로, ~에'라는 뜻을 표현하고 싶을 때 사용하며, 시작점부터 도달하는 지점까지의 움직임이 포함되어야 한다. 일반적으로 동사가 움직임의 의미를 가지고 있으면 to를, 그렇지 않은 경우엔 at, on, in 중 하나를 상황에 맞게 사용한다.

'가다 (go)', '오다 (come)', '향하다 (head)', '여행하다 (travel)' 등이 뒤에 전치사 to를 받는 동사들이고, '만나다 (meet)', '도착하다 (arrive)', '사다 (buy)'등은 움직임이나 진행의 느낌이 없는 동사이므로, '~에서'라는 뜻을 가진 전치사 at, on, in을 활용한다.

to부정사: 형용사적 용법

앞서 설명한 바와 같이 『to + 동사원형』의 형태일 때 to의 뜻은 '~할, ~하기 위한'이다. 주의할 점은 한국어로 봤을 때, '~할'과 '~하는'이라는 표현을 굳이 나누지 않고 합쳐서 쓴다. 그렇기에 그 동작이 미래에 발생하는 동작인지 아닌지 구별할 수 있어야 한다. 즉 아직 하고 있지 않은 행동을 '미래적 느낌의 형용사'로 만드는 경우 꼭 to부정사를 사용해야 한다. 먼저 간단히 예문을 통해 연습하고, 이를 활용하여 문장을 만들어 볼 수 있도록 두 부분으로 나눠 준비했다.

예문 1) 생각할 시간

영어를 말할 땐 명사부터 말하고 꾸며주는 말은 그 뒤에 한다는 것을 기본 전제로 생각해야 한다. 이 표현에서 꾸며주는 말은 '생각할'이며, 명사는 '시간'이다. '생각할'은 '~할'과 '생각하다 (think)'라는 단어가 합쳐진 것을 이제 알 수 있을 것이다. 그러므로 '생각할'은 'to think'로 표현하며, '생각할 시간'은 'time to think'가 된다.

예문 2) 해결할 문제

이 표현에서 꾸며주는 말은 '해결할'이며, 명사는 '문제'이다. '해결할'은 '~할'과 '해결하다 (deal with)'라는 단어가 합쳐진 것이다. 그러므로 '해결할'은 'to deal with'로 표현하며, '해결할 문제'는 'a problem to deal with'가 된다.

예문 3) 알 권리

이 표현에 꾸며주는 말은 '알'이며, 명사는 '권리'이다. '알'은 '~할'과 '알다 (know)'라는 단어가 합쳐진 것이다. 그러므로 '알'은 'to know'로 표현하며, '알 권리'는 'a right to know'가 된다.

예문 4) 얘기할 친구

이 표현에서 꾸며주는 말은 '얘기할'이고, 명사는 '친구'이다. '얘기할'은 '~할'과 '얘기하다 (talk)'라는 단어가 합쳐진 것이다. 그렇다면 정답은 'a friend to talk'일까? 안타깝게도 a friend라는 단어를 talk 뒤로 가져왔을 때, 말이 되어야 한다. 동사 talk은 뒤에 to나 with가 있어야 '~와 대화하다'로 말할 수 있다. 즉 정답은 'a friend to talk to' 혹은 'a friend to talk with'가 되어야 한다.

예문 5) 마트에서 살 물건들의 리스트

이 표현에서 꾸며주는 말은 '살'이고, 명사는 '물건들의 리스트'이다. '마트에서'는 부가적인 표현이다. '살'은 '~할'과 '사다'라는 단어가 합쳐진 것이다. 그러므로 '살'은 'to buy'로 표현하며, '살 물건들의 리스트'는 'a list of items to buy'가 되며 '마트에서'라는 표현을 맨 뒤에 추가하여, 'a list of items to buy at the mart'라고 표현하면 된다.

Day 51 to부정사 (형용사) 연습 ①

251. 나는 어렸을 때부터 시간 여행을 하는 능력을 가졌다.

252. 그는 이 상황을 벗어나기 위한 변명거리를 찾고 있는 게 확실해.

253. 네가 첫 번째로 말할 사람이야.

254. 그녀를 다시 데려올 방법이 없을지도 모른다.

255. 이 애플리케이션은 날마다 할 일들이 적혀 있어.

Day 52 to부정사 (형용사) 연습 ②

256. 생각을 정리할 휴식이 조금 필요할 듯해요.

257. 넌 충분히 내 결정에 화낼 자격이 있어.

258. 나 저번에 동남아에 갈 기회가 있었는데, 거기서 그녀를 만났어.

259. 자원봉사를 하면, 그 속에서 배울 점이 너무나도 많다.

260. 안됐네요. 이번에 승진할 발판을 마련할 수도 있었는데.

Day 51 to부정사 (형용사) 연습 ①

251. I have had the ability to travel through time since little.

252. He must be looking for an excuse to break away from this situation.

253. You are the first one to say.

254. There might be no way to bring her back.

255. This application has a list of things to do daily.

Day 52 to부정사 (형용사) 연습 ②

256. I should take a little bit of a break to organize my thoughts.

257. You definitely have the right to get angry at my decision.

258. Last time, I had an opportunity to go to Southeast Asia and met her there.

259. When doing volunteer work, there are so many things to learn.

260. Too bad. You could have gained a foothold to get promoted this time.

Day 53 to부정사 (형용사) 연습 ③

261. 네가 이 팀에서 그런 분위기를 만들어 나갈 책임이 있어.

262. 해결할 방법이 분명 있을 거야!

263. 서두를 필요 없어요.

264. 여기 집중해주세요. 알려드릴 공지사항이 있습니다.

Challenge 265. 오늘은 네가 청소할 차례라는 걸 네가 기억이나 할지 모르겠네.

어휘 Level up!

영어로 나를 설명하고 싶다면, 어떻게 표현할 것인가?
I am a good person? a funny person? a nice person?

나는 좋고, 재밌는 사람이라고만 설명할 수 있다면, 아래 형용사를 통해 내가 정말 어떤 사람인지 표현해봐야 한다. 영어로 말할 기회가 없다면 이렇게 나부터 설명해보도록 하자.

겸손한: humble
자립심이 있는: independent
인내심이 있는: persevering
사려 깊은: considerate, thoughtful
학구적인: studious
편견 없는: open-minded
장난기 많은: mischievious

261. You have the responsibility to set the tone like that.

262. There must be a way to get through!

263. There is no need to hurry.

264. Please attention here. I have an announcement to make.

Challenge
265. You may remember that today is your turn to clean the house.

to 부정사: 부사적 용법

'~하기 위해서'라는 말을 생각하면 어떻게 시작을 해야 할까? 대부분의 수강생들은 전치사 for을 떠올릴 것이다. 물론 for도 '~을 위해'라는 뜻으로 사용 가능하지만, 그렇다면 'for'은 언제나 '~을 위해'라는 뜻으로 활용이 되는가? 절대 그렇지 않다. '~을 위해'라는 뜻은 for의 기본 의미 중에서 한국어로 해석했을 때 나올 수 있는 뜻 중 하나에 불과하다. 실제로 for를 '~을 위해'라고만 이해한다면 문장을 읽을 때는 물론이고, 말할 때 제대로 활용할 수 없다. 즉 for을 포함하여 모든 전치사는 한국어 뜻으로 외우기보다는 전치사의 기본적인 의미를 이해하고 사용해야 한다. For은 다음 챕터에서 자세히 보도록 하고, 일단 to부정사와 for을 비교해보도록 하자.

to부정사는 '형용사적 용법'에서 말했듯이 『to + V』의 형태로 말하는 형태이며, 부사적인 뜻으로는 '~하기 위해서'가 있다. 이와 다르게 전치사 for는 뒤에 명사 (V-ing도 명사이다)를 붙여서 말해야 하며, '~위해서'라는 뜻으로 해석이 될 수도 있다. 이 책에서는 '~하기 위해서'라고 하여 동작을 말하고 싶은 경우, 언제나 to부정사를 활용하도록 하겠다.

여기서 중요한 것은 to부정사의 '~하기 위해서'라는 말과 전치사 for은 행동의 목적과 이유를 말해주기 위해서 쓴다는 점이다. 한국어로 어떠한 목적을 말하기 위해 사용하는 표현으로는 대표적으로 '~하려면'가 있고, 이유를 말해줄 땐 '~때문에'라는 표현을 자주 쓸 것이다. 대부분의 수강생들은 '~하려면'이라는 표현을 보면, if로 문장을 시작하고 싶어 하고, '~때문에'라고 하면 because (of)를 떠올린다. 하지만, 꼭 if나 because (of)를 말하기보다는 '~하기 위해서'라는 뜻의 to부정사나 전치사 for 둘 중 하나를 선택해서 표현할 수도 있다.

예문 1) 부상 안 당하려면, 보호 장비를 잘 착용해야지.

이 문장을 말하려고 한다면, 어떻게 말하겠는가? If로 시작하는 문장과 to부정사를 활용한 문장 2가지로 보도록 하자. If로 문장을 시작한다면, 'If you do not want to get injured, you should wear protective gear.'라는 문장으로 직역하여 말할 수 있다. 아주 긴 문장이 되지만, 이를 to부정사를 활용해서 말하면, '너는 부상을 당하지 않기 위해 보호 장비를 잘 착용해야 해.'와 같은 문장으로 말할 수 있다. 영어로는 'You should wear protective gear not to get injured.'와 같은 짧은 문장으로 말할 수 있다.

이러한 부사 표현은 어느 문장에나 붙여도 되는 표현을 말해주는 것이기 때문에, 활용도가 상당히 높다는 점을 알고 많이 익숙하지 않다면, 연습을 꼭 해보도록 하자. to부정사가 '~하기 위해서'로 사용되는 경우들을 보고, 문장들을 만들어 볼 것이다. 만약 to의 '~하기 위해서'라는 뜻만을 강조하고 싶다면, in order to를 사용해 말할 수도 있다.

tip

만약 처음 to부정사를 처음 공부한다면, 형용사로 사용되는 to부정사와 부사로 사용될 때의 to부정사는 구분해보는 것이 좋다. 익숙해진다면 의미가 없을지라도 정확하게 사용방법을 인지하기 위해, 명사 뒤에 to부정사를 사용하면 명사를 꾸며주는 뜻인 '~할'이라는 것을, 그냥 문장을 꾸며주기 위해 to부정사를 사용하면 '~하기 위해서'라는 뜻이라는 것을 알 필요가 있다.

Day 54 to부정사 (부사) 연습 ①

266. 나는 내 사랑을 찾기 위해 서울로 이사했다.

267. 병에 안 걸리려면 언제나 마스크를 쓰고 다니는 게 좋아요.

268. 진심으로 오늘은 너와 싸우려고 온 게 아니야.

269. 많은 동료들이 나의 무죄를 입증하기 위해 일어났다.

270. 만약 내가 그 장소를 추천하지 않았다면, 그들은 저녁을 먹기 위해 다른 장소로 갔을 수도 있어.

Day 55 to부정사 (부사) 연습 ②

Challenge
271. 너는 충분히 늦게라도 나를 보러 올 수 있었잖아.

272. 제시간에 일을 마무리하려면, 미리미리 일을 시작했어야지.

273. 그는 다른 이들의 진심을 떠보기 위해, 상황을 마련했다.

274. 나는 사업을 시작할 자금을 모으기 위해 지난 2달간 아르바이트를 해오고 있어요.

275. 현 몸매를 유지하기 위해서라도 당신은 매일 최소 2시간 정도 운동하는 게 필수일 것 같아요.

Day 54 to부정사 (부사) 연습 ①

266. I moved into Seoul to find the love of my life.

267. You should wear a mask anytime not to catch a virus.

268. Believe me. I did not come here to argue with you today.

269. Many of my coworkers stood up to prove my innocence.

270. If I had not recommended that restaurant, they could have gone somewhere else to have dinner.

Day 55 to부정사 (부사) 연습 ②

Challenge
271. You could have come to see me. Even it had been late.

272. You should have started working on it in advance to get it done on time.

273. He set up a situation to sound out others' feelings.

274. I have been doing a part-time job to save up some funds to start a new business.

275. You must work out at least for 2 hours a day even to keep fit.

Day 56 to부정사 (부사) 연습 ③

276. 에러를 찾아서 고치려면 노력과 인력이 아마 조금 더 필요할 수도 있어요.

277. 정확한 값어치를 계산하려면, 섹터별로 봐야 할 거 같은데요.

Challenge 278. 자료 준비하느라 밤샜어요.

279. 이 말을 하려고 나는 냉혈인간처럼 굴어야 했어.

280. 제가 명확한 답을 제시하기엔 충분히 조사를 하지 못했습니다.

Day 56 to부정사 (부사) 연습 ③

276. It probably could take more effort and manpower <u>to figure out and fix the error.</u>

277. You would have to go sector by sector <u>to calculate</u> the accurate value.

Challenge
278. I stay awake the whole night <u>to prepare</u> the materials.

279. I had to pretend to be a cold-blooded <u>to say this</u>.

280. I have not done enough research <u>to suggest</u> a definitive answer for that.

전치사 for Key Words

몇몇의: several *동의어: a couple of, some
특권: privilege
계약: contract *contract V. 수축하다(시키다), 계약하다
증정품: giveaway *give away V. 줘버리다, 거저 주다
무료의: free
시민들: the citizen
정의, 공평성: justice
흥미, 이익, 이자: interest *interest V. 관심을 끌다.
목적: purpose
기밀: confidentiality *confidential: 기밀 사항의, 은밀한
망설이다: hesitate
문의: inquiry * inquire V. 문의하다

8. 전치사 for

전치사를 공부할 때는 정확히 어떠한 개념에서 이러한 단어들을 쓰는지 이해하는 것이 우선이다. 전치사의 개념을 이해하고, 각각의 개념에 해당하는 예제를 보며, 영어로 사용해보는 것이 필수적이다.

만약 for을 '~을 위해'라는 뜻으로만 사용했다면, 이번 챕터에서 다시 개념 공부를 해야 한다. 자주 사용되고 사용하는 곳이 다양하니, 충분히 예제를 만들어볼 것을 추천한다.

tip

전치사 + 명사

전치사라는 것은 무엇인가? 영어로는 preposition이라고 하며, 단어에서 볼 수 있는 'pre (앞에)'와 'position(자리를 잡다)'가 합쳐져 있고, 어떤 것의 앞에 위치하는 단어들의 집합이라는 것을 알 수 있다. 여기에 해당하는 단어로는 at, on, in, for, with, between, about, as, except, off, of, under, via, to 등이 있다. 한국어로 하면, '~에', '~와', '~위해', '~사이에', '~에 대해', '~로서', '~을 제외하고', '~아래에', '~통해', '~을 향해' 와 같은 단어들이다. 전치사라는 그룹은 위치뿐만 아니라, 문장에 부가적인 의미를 전해주기 위해 사용되며, 동사와 함께 같이 사용되어 동사의 진행방향도 설정할 수 있다.

뜻에서 볼 수 있듯, 개별적으로 사용되는 전치사는 명사와 함께 나올 수밖에 없다. 만약 『동사 + 전치사(부사)』의 예제가 궁금하다면, 구동사(phrasal verbs)를 공부해보길 권장한다.

전치사 for는 여러 뜻이 있으나, 크게 5가지로 나뉜다. 목적과 이유 (때문에), 결과 (동등한 값), ~동안에 (기간), ~에 (특정한 때나 시간), 비교 (~에는)이 대표적이다.

목적과 이유의 대표적인 의미는 '~위해, ~로, ~때문에'이다.

(something) for you	너를 위한 (어떤 것)
(a prize) for the winner	승자를 위한 (상)
(energy) for tomorrow	내일을 위한 (기운)
(be) for sale	팔기 위한 (이다)
(wish) for you	너를 위해 (바라다)
(look) for something	~을 목적으로 (보다)
(go to jail) for a crime	범죄 때문에 (감옥에 가다)
for many reasons	많은 이유로
for stupidity	멍청함으로
for many lives / sacrifice	많은 목숨으로 / 희생으로

for는 결과 (동등한 값)를 나타내기 위해서도 사용된다.

a coke for a dollar	1 달러에 콜라 한 병
2 for 1	1개 값에 2개
for free	무료로
for nothing	아무 가치 없이
(take) A for B	A를 B로 받아드리다

for는 시간이나 거리의 양을 표현하기도 하며, 시간일 땐, during과 구분이 되어야 한다.

for years(ages)	오랫동안
for an hour	한 시간 동안
for miles	몇 마일 간 (엄청 길게, 오래)
for days	며칠 동안

특정 날짜나 시간을 말해줄 때, 역시 for을 사용할 수 있다.

for Christmas	크리스마스에
for 2 o'clock	2시에
for the first time	처음으로
for the last time	마지막으로

『it is 형용사~』 구문에도 많이 사용되는 for는 비교, 관계(~에는)의 의미를 가지기도 한다.

(be mature) for his age	그의 나이에는 (성숙하다)
(be hot) for Korea	한국에서는 (이 정도면 뜨겁다, 덥다)
(It is possible) for you	너에게는 (가능하다)

내용들이 숙지가 되었다면, 다음 문장을 영어로 말해보자.

Day 57 전치사 for 연습 ①

281. 몇몇 직원들은 그들의 특권을 자신의 사적인 이익을 위해 사용해왔다.

282. 나는 별 이유 없이 그냥 사람들을 싫어해왔다.

283. 계약서 때문에 왔습니다.

284. 마트엔 무료로 나눠주는 선물들이 있어요!

285. 한국인에게는 너무 쓴 음식인데.

Day 58 전치사 for 연습 ②

286. 특별한 이유 없이 중간에 그냥 날 내칠 수는 없어요!

Challenge

287. 전통시장에 간 사람들은 오늘만 특별히 1+1 가격으로 살 수 있었어요.

288. 의원직은 명예와 시민을 위해 일해야 하지, 돈을 좇으면 안 됩니다.

289. 이 일은 더 큰 대의를 위한 일이지 내 사익을 위한 일이 아니에요.

290. 공짜로 해달라는 말은 아니었어요. 언젠간 제가 당연히 갚을 거예요.

Day 57 전치사 for 연습 ①

281. Several employees have used their privilege for personal interests.

282. I have disliked people for no reason.

283. I came here for the contract.

284. There are giveaways for free at the supermarket.

285. It is too bitter for the Koreans.

Day 58 전치사 for 연습 ②

286. You cannot kick me out for no special reason.

Challenge
287. People who went to the traditional market were able to buy 2 for 1, for today only.

288. Assemblymembers must work for the citizen and honor, not chasing after money.

289. This is for bigger justice, not for my personal interest.

290. I did not mean you to do it for free. Of course, I will pay you back in the future.

Day 59 전치사 for 연습 ③

291. 그들은 오직 하나의 목적, 바로 내부 1급 비밀을 위해 우리에게 접근했던 것이었다.

292. 깜짝 놀랄 일에 대비해!

293. 나이 40에 내 인생에 처음으로, 내가 아닌 다른 사람들의 감정을 살피기 시작했어.

Challenge
294. 남자답게 생겼다고? 그건 그냥 근육질 남자의 다른 이름이잖아.

295. 선수에게 질문이 있습니다.

Day 60 전치사 for 연습 ④

Challenge
296. 마지막으로 내가 말하는데, 하지 마.

297. 베르사유 궁전 투어를 해줄 가이드를 고용하고 싶은데요.

298. 무슨 이유에선지, 시내 투어가 갑자기 취소되었데요.

299. 곤경에서 도와줘서 고마워요.

300. 이후 문의가 있으시면, 저에게 바로 연락 주세요!

Day 59 전치사 for 연습 ②

291. They approached us for the sole purpose, internal confidentiality.

292. Be prepared for a big surprise.

293. For the first time in my life at 40, I started to look into others' feelings, not mine.

Challenge
294. Looks manly? That is just another name for muscle guy.

295. I have got a question for the player.

Day 60 전치사 for 연습 ④

Challenge
296. For the last time, I am telling you. Don't do it.

297. I would like to hire a guide for a tour to Versailles.

298. For some reason, I heard that the city tour is suddenly canceled.

299. Thank you for helping me out of trouble.

300. Please do not hesitate to contact me for further inquiries.

for vs. during

for과 during은 둘 다 '~동안'에라는 뜻을 가지고 있지만, 미세한 차이가 있다. 이 차이 때문에 for과 during 같은 상황에서 사용되지 않는다. 'during this summer'는 이번 여름의 어느 지점, 혹은 어느 정도 시간 동안을 말한다.

반면에, 'for this summer'는 '여름의 시작부터 끝까지'라는 의미를 가진다. 즉 during은 어느 시간대의 한 부분만을 말하는 것이고, for은 그 시간대 전부를 뜻한다. 동작을 진행한 시간대를 생각해보면 쉽게 구별하여 쓸 수 있다.

다음 상황들을 보며, for을 사용해야 할지, during을 사용해야 할지 보도록 한다.

상황 1)　나는 1시간 동안 공부해오고 있다.

공부는 일반적으로 지속되지, 한 시간 중 일부분만 하는 것이 아니다. 그러므로, during이 아닌 for로 문장을 말해야 한다. 이 문장을 영어로 말하면 'I have studied <u>for</u> an hour.'이 된다.

상황 2)　나는 비행기를 지난 5시간 동안 탔다

비행기는 마음대로 내렸다가 탈 수 없다. 지난 5시간 동안 계속 이어져야 하기 때문에 역시 for을 사용해 말해야 한다. 이 문장을 영어로 말하면, 'I have taken this flight for the last 5 hours.'가 된다.

상황 3) 지난주에, 난 몇몇 친구들을 만났다.

친구를 만나는 것은 일반적으로 일주일 내내 만나는 것이 아니므로 for보다는 during을 쓰는 경우가 훨씬 많다. 이 문장을 영어루 하면, 'During the last week, I met a couple of my friends.'가 된다.

상황 4) 난 올해 몇몇 드라마를 봤다.

드라마는 계속 쉴 틈 없이 보는 행동이 아니기 때문에 during을 써야 한다. 이를 영어로 말하면, 'During this year, I have watched a couple of dramas.'이 된다.

상황 5) 2년간 나는 전혀 술을 안 마셨어요.

이 상황에서는 2년간 술을 마시지 않은 행위가 지속되었으므로, during이 아닌 for을 사용해야 한다. 이 문장을 영어로 말하면, 'I have not drunk at all for 2 years.'가 된다.

현재분사 Key Words

형용사적 용법
탐험하다: explore
메스꺼움: nausea
발효시키다: ferment
방송하다: air
~을 돌보다, 처리하다: take care of
대개: mostly *동의어: generally, usually

부사적 용법
밖을 보다: look out
덮다, 포함시키다: cover
소름끼치게 하다: creep out
이상적인: ideal
제안하다, 프러포즈하다: propose
~을 제거하다: get rid of
협상하다: negotiate
두드리다: knock
어지러운: dizzy
삐다: sprain
Tip. Can't help
매우 웃긴: hilarious * 동의어. very funny
궁금해하다: wonder
바로잡다: correct *correct Adj. 올바른
실수: mistake *mistake: 오해하다
껴안다: cuddle
(안을) 채워 넣다: stuff *stuff N. 물건
농담하다: kid *kid N. 어린 아이
위선자: hypocrite

9. 현재분사

이번 챕터에서는 to부정사와 마찬가지로 동사를 활용하는 방법 중 하나인 현재분사에 대해 공부한다. 현재분사는 동사에 '~ing'를 붙이는 『V-ing』 형태를 말해주며, to부정사와 마찬가지로 형용사적 용법과, 부사적 용법이 있다.

V-ing를 떠올리면, '~하는 것'이라는 뜻으로 생각하는 경우가 많다. 하지만 V-ing는 '~하는 것'이외에도 비슷한 느낌의 형용사와 부사로 사용할 수 있다. '~하는 것'이라는 뜻으로 사용될 때 문법적으로 이를 동명사라 말하다. 명사 뒤에 위치하여, 『명사 + V-ing』 의 순서를 이루면 '~하는'과 같은 의미로 이해해야 하고, 이를 형용사적 용법이라고 한다. 명사가 아닌 문장을 꾸며준다면 (단독적으로 사용 가능하다면) '~하면서, ~해서'라는 뜻으로 이해해야 하고, 이를 부사적 용법이라고 칭한다.

이번 챕터에서는 동명사를 제외하고, 형용사적 용법과 부사적 용법을 다루도록 하겠다. 위 내용을 아래 표로 간단히 정리해보았다.

	뜻	예제	
명사	~하는 것	studying	공부하는 것
형용사	~하는	people sitting on a couch	소파에 앉아있는 사람들
형용사		Boring news	지루하게 하는 뉴스
부사	~하면서, ~해서, ~하자면 등등	Speaking of ~	~에 관해 말하는 김에

tip

to부정사에서 설명한 바와 같이 '~할 것', '~할'이라는 뜻과 '~하는 것', '~하는'이라는 뜻은 한국어에서 많은 차이를 두지 않지만, 미래적인 느낌을 나타내는 to부정사와 약간의 과거~현재까지 진행하는 느낌의 V-ing는 구분할 수 있어야 한다.

현재분사: 형용사적 용법

현재분사가 형용사의 뜻으로 사용되는 경우에는 실제로 말할 때 생략되는 경우가 많다. 전치사로만 표현해도 되는 경우가 다반사이기 때문에 일반적이지 않은 명사를 말할 때만 현재분사를 붙인다. 하지만 언제 생략할 수 있는지 알기 위해선, 말해봐야 알 수 있지 않을까? 그렇기 때문에 이 책에서는 모든 예제에 V-ing를 붙여서 표현하도록 하겠다.

V-ing의 뜻은 '~하는'이라는 뜻이었다. '~하는'이라는 말은 과거, 현재, 미래 중 어떤 시간대의 동작을 말해주는 것일까? 대부분 '~하는'이라는 뜻만 보면 아마 현재에 진행되는 뜻이라고 생각할 수 있다. 하지만 앞서 나온 표의 한국어 뜻을 보면 알 수 있듯, '하는'이라는 뜻은 꼭 현재만을 말해주기보다는 약간의 과거의 시간에서부터 현재 진행해오고 있는 느낌을 전달해준다. 동사 시제의 현재완료시제와 같은 느낌을 준다고 생각하면 좋겠다. 만약 아직도 현재 진행의 느낌만 느껴진다면, 아래의 예문을 보도록 하자.

예문 1) 서울로 가는 버스

'가는'이라는 부분은 '가다'와 '~하는'이 합쳐진 단어로, 'going'이라는 단어로 표현할 수 있다. 또한, 서울로 가는 버스는 꼭 지금 서울로 가고 있는 버스가 아니라, 예전부터 지금까지 가는 행동을 취하는 버스이다. 이 표현을 영어로 말한다면, 'the bus going to Seoul'이 되며, 'to Seoul' 자체가 서울 방향으로 진행하고 있음을 나타내기 때문에 현재분사 'going'은 생략이 될 수 있다. 즉 'the bus (going) to Seoul'으로 말해야 한다. 언어에서 생략이란 너무 당연히 추측이 가능할 때 할 수 있다.

예문 2) 숲 속에 사는 동물들

'사는'이라는 부분은 '살다'와 '~하는'이 합쳐진 단어로, 영어로는 'living'으로 표현한다. 동물들은 지금만 사는 게 아니라 예전부터 숲 속에서 살아온 동물들이기 때문에, 동물들을 꾸며주는 말로 현재분사를 사용한다. 이 표현을 영어로 말한다면, 'animals living in the forest'가 되며, 현재분사 'living'은 생략될 수 있다. 만약 '숲 속에서 사냥하는 동물들'과 같이 '사냥하는'이라는 말 없이 이해가 되지 않는 경우에는 생략하지 않는다.

To부정사에서 연습한 것과 똑같이, 이 챕터를 진행하기 전에 미리 동사표에 V-ing를 붙여서 말해보고, 뜻도 자유롭게 만들 수 있도록 연습해야 한다. 이 파트에서는 to부정사 때와 마찬가지로 동명사(~하는 것)는 연습하지 않고, 형용사와 부사로 사용되는 경우에 대해서만 연습하도록 한다.

동사표로 연습을 했다면, 다음 문장을 영어로 연습해보자.

Day 61 현재분사 (형용사) 연습 ①

Challenge

301. 한국 문화를 탐험하는 많은 외국인들은 청국장 냄새에 속이 안 좋아지는 듯하다.

302. 여기 코너에 다음 주에 새로 오픈하는 음식점이 생겨요.

303. 저 산 위에 있는 건물은 뭐야?

304. 요즘 tv를 보면, 일상생활을 보여주는 프로그램들이 많다.

305. 조금 이따가 친구들 놀러 올 거예요.

Day 62 현재분사 (형용사) 연습 ②

306. 카카오톡을 쓰는 사람은 대부분 한국인이거나 거의 한국에 사는 외국인이지.

307. 그가 여기를 관리하는 매니저예요.

308. 지금 갤럭시 사용하는 사람은 대부분 40대 이상이거나 어린애들 뿐이지.

309. 저 사람 옆에 검은 정장을 입고 있는 사람들은 누구죠?

310. 가족들과 사람들이 저 밖에서 너를 기다리고 있어.

Day 61 현재분사 (형용사) 연습 ①

Challenge
301. Many foreign travelers exploring Korean culture seem to feel nausea for the Korean fermented bean paste.

302. There will be a restaurant opening up next week at this corner.

303. What is that building standing on that mountain?

304. When watching TV these days, I find many programs airing daily life.

305. I have some friends coming over soon.

Day 62 현재분사 (형용사) 연습 ②

306. People using Kakaotalk are mostly either Koreans or foreigners living in Korea.

307. He is the manager taking care of this place.

308. People using Galaxy are mostly either people over 40s or kids.

309. Who are those people in a black suit standing next to him?

310. We have members and family waiting for you outside.

다른 나라의 언어를 할 수 있다는 건 언제나 플러스예요. 기술이 발달되며 더 이상 영어를 배울 필요가 없다고 생각하는 사람들도 있으나, 실제로 내가 그들과 소통하고 이해하려면 내가 직접 말해야 하죠. 해외에 나가 친구들을 만들 때 느끼는 희열은 그 무엇과도 비교할 수 없어요.

더욱 넓은 시야와 기존의 여행과는 다른, 내가 이끌어 나가는 여행을 원하신다면 적어도 1년 전부터 미리 기초는 탄탄히 해보세요. 분명 이전에는 보이지 않던 다양한 경험이 여러분을 기다리고 있을 거예요!

현재분사: 부사적 용법

현재분사가 부사로 사용될 때는 주어가 하는 '동작과 동시에 발생될 때', 앞선 동작에 대한 결과, 이유를 말할 때 주로 사용한다. 한국어로 보면 '~하면서', '~해서'와 같은 뜻이 있다. 일반적으로 때(시간), 언제(장소), 어떻게(방법), 얼마나(수량)과 관련하여 나타낼 때 사용한다.

주의할 점은 동사와 부사로 사용되는 현재분사의 주어가 같아야 한다. 즉 동사와 현재분사의 동작 모두 주어가 행동할 때만 이러한 형식으로 사용이 가능하다. 만약 이해하기 어렵다면, 이 책을 다 끝내고 다시 와서 공부해보길 추천한다. 현재분사가 부사적으로 사용되는 상황을 다시 정리하면 다음 4가지의 경우에 해당한다.

(1) 동시에 발생하는 동작을 말하기 위해서
(2) 주어에 의미를 더해주기 위해서 (형용사처럼)
(3) 동사에 대한 결과를 포함하여 말해주기 위해서
(4) 동사에 대한 이유를 포함하여 말해주기 위해서

tip

can't help V-ing

'can't help'는 '(~을/~하는 것을) 하지 않을 수 없다, 멈출 수 없다'라는 뜻이다. 보통 동사help뒤에는 동사원형을 사용하지만, 'can't help'라는 형식으로 위의 뜻을 전달하고 싶다면 뒤에 아무것도 붙이지 않고 그 자체로 사용하거나, V-ing의 형태의 동작을 사용해서 '~하는 것을 하지 않을 수가 없다'의 의미를 나타내거나, '대명사(myself, yourself, it 등)를 사용해 '~을 멈출 수가 없었다'의 의미로 사용한다.

다음 예제들을 통해 이 관용적인 표현에 익숙해져 보도록 하자.

Day 63 현재분사 (부사) 연습 ①

311. 창 밖을 보니, 화려한 불빛이 도시를 감싸고 있었다.

312. 그 일만 생각하면, 아직도 소름이 끼쳐.

313. 이 곳에 새로 이사 오면서, 그녀는 드디어 꿈에 그리던 이상형을 만났다.

314. 그는 내가 그의 모든 것이라고 말하며, 청혼했다.

315. 그때의 일을 떠올리면, 다시는 그곳에 돌아가고 싶지도 않아.

Day 64 현재분사 (부사) 연습 ②

316. 네가 행복해하는 걸 보니, 진작에 낡은 물건들을 치워버릴 걸 그랬어.

317. 그 사람들은 문을 두드리고 문에 소리치면서, 나와 계속 가격을 교섭하려고 해.

318. 아이들이 내 주의를 돌면서 나를 어지럽게 했어.

319. 한 남자가 삐걱삐걱 소리를 내며, 상점 안으로 들어왔다.

320. 내가 너의 비유를 사용해서 다시 설명해볼게.

Day 63 현재분사 (부사) 연습 ①

311. Looking out the window, I saw colorful lights covering the city.

312. Thinking of that thing, it still creeps me out.

313. Moving in here newly, she finally met her ideal type.

314. He proposed to me, saying that I am everything for him.

315. Thinking back of that day, I do not even want to go back to that place again.

Day 64 현재분사 (부사) 연습 ②

316. Seeing how happy it makes you, I should have got rid of old stuff earlier.

317. Those people are trying to negotiate the price with me, knocking and shouting at my door.

318. Kids made me dizzy circling around me.

319. A man entered the store, making a squeaky noise.

320. Let me explain again using your analogy.

Day 65 현재분사 (부사) 연습 ③

321. 걔 맨손으로 벽을 <u>쳐서</u> 손목이 삐었어.

322. 내 남동생은 내가 오늘 기분이 심히 안 좋은지도 <u>모르고</u> 또 나에게 불평불만을 했다.

323. 그들에게 진심을 <u>보여주면</u>, 너도 다시 그들의 신뢰를 얻을 수 있을 거야.

324. 여름엔 모기들이 엘리베이터를 <u>이용해서</u> 고층까지 올라와요.

325. 그는 자기 생활도 <u>포기하고</u> SNS에 팬들과 대화하는 사람이에요!

어휘 Level up!

혹시 진지한 대화를 나누고 싶은가? 상황에 딱 맞는 표현을 못 찾겠는가?

그러면 속담이 도움이 될 수도 있다. 다음 속담들은 한국어로도 많이 말하는 것들이니, 꼭 활용해 보도록 하자.

Where there is a will, there is a way. (뜻이 있는 곳에, 길이 있다.)
Practice makes perfect. (연습이 완벽을 만든다.)
The grass is always greener on the other side. (남의 떡이 더 커 보인다.)
Don't judge a book by its cover. (사람을 겉모습만으로 판단하지 말아라.)
Strike while the iron is hot. (물 들어올 때, 노 저어라.)
Too many cooks spoil the broth. (사공이 많으면 배가 산으로 간다.)

Day 65 현재분사 (부사) 연습 ③

321. He sprained his wrist punching the wall with his bare hand.

322. My little brother made a complaint not knowing that I am in a terribly bad mood.

323. Showing your sincerity, you will be able to get their trust back.

324. Mosquitos come up to high floors in summer using the elevator.

325. He communicates on social media with fans even giving up his life.

Day 66 Tip can't help V-ing 연습 ①

326. 우리가 지금 잘못된 길로 가고 있는 느낌을 지울 수가 없다.

327. 그가 너에 대해 한 말이 너무 웃겨서 웃지 않을 수가 없어.

328. 때때로 나는 왜 아무도 이걸 일찍이 시작하지 않았나 궁금해 참을 수가 없어!

329. 다른 사람들의 문법적으로 실수하는 걸 안 고칠 수가 없어. 내 성격인 걸!

330. 나는 잠잘 때 내 강아지를 껴안지 않을 수가 없어. 너무 귀엽거든!

Day 67 Tip can't help V-ing 연습 ②

331. 길가에서 붕어빵을 봤는데, 우리는 그냥 지나칠 수 없었어요.

332. 내가 한 번도 경험하지 못해 본 거라 시도하지 않고는 못 배겼어요.

333. 장난해? 나 이런 거 보면 그냥 못 지나는 거 알잖아?

Challenge
334. 난 나를 위선자라 부르는 저 사람을 비웃지 않을 수가 없네요.

335. 스트레스받을 땐 뭔가 달달한 걸 안 먹고는 못 배기겠어.

Day 66 Tip can't help V-ing 연습 ①

326. I can't help feeling that we are on the wrong way.

327. He said something hilarious about you so that I can't help laughing.

328. Sometimes, I can't help but wonder why no one tried it earlier!

329. I can't help correcting others making grammatical mistakes. It is in my blood!

330. I can't help cuddling my puppy when sleeping. Because he is so cute!

Day 67 Tip can't help V-ing 연습 ②

331. When we saw a fish-shaped snack stuffed with red bean paste inside, we just couldn't help ourselves.

332. It was something I have never tried in my life. So I couldn't help it.

333. Are you kidding me? You know that I can't help it when I see a thing like this.

Challenge

334. I cannot help myself laughing at that guy calling me a hypocrite.

335. When stressed, I can't help eating something sweet.

과거분사와 수동태 Key Words

형용사적 용법
붙이다, 첨부하다: attach
판명이 나다, 밝혀지다: turn out
피해를 입하다: damage   *damage N. 피해, 손상
일정을 잡다: schedule
(급히) 떠나다, 이륙하다: take off
(화제를) 꺼내다: bring up
범위: range
부사적 용법
혼란스럽게 하다: confuse
수정할 수 있는: modifiable   * modify V. 수정하다, 변경하다
국내의: domestic   * 반의어: overseas, abroad
확실하게 하다: ensure
두배로 만들다: double
패배시키다: defeat
(서서히) 사라지다: fade away

수동태
깊은 인상을 주다: impress   * impression N. 인상, 감명
굽다: roast
통계: statistic   *statistical: 통계적인, 통계에 근거한
불면증: insomnia
라벨을 붙이다: label   * N. 라벨
통상적으로 매일 하는 것, (판에 박힌) 일상: routine   *routine Adj. 정례적인, 판에 박힌
만족시키다: satisfy
숙소: accommodation
여행사: travel agency
창피하게 하다: embarrass
정당화시키다, 해명하다: justify
승객: passenger

10. 과거분사와 수동태

과거분사: 형용사적 용법

이번 챕터에서는 to부정사, 현재분사와 마찬가지로 동사를 활용하는 방법 중 하나인 과거분사에 대해서 공부하고자 한다. 과거분사는 영어로 past participle이라고 하며, 줄여서 p.p라고 표기하기도 한다. 주의할 점은 과거분사의 형태는 동사의 과거형과 같은 경우가 많다. 불규칙인 경우에만 형태가 달라지는데 과거형과 과거분사형은 의미와 문장에서의 역할이 다르기 때문에 구분하고 사용하는 것은 필수적이다.

to부정사는 미래적인 느낌의 '~할'이라는 뜻이었고, 현재분사는 약간의 과거에서부터 현재까지를 의미하는 '~하는'이었다. 그렇다면, 과거분사는 어떤 의미를 주는 형태일까? 순서대로라면 과거를 의미하는 형용사인 '~한, ~했던'이라는 뜻이겠지만, 안타깝게도 과거분사는 '~한, ~했던'이라는 뜻이 아니다. 과거분사가 형용사로 사용할 경우 '~된, ~해진'이라는 뜻이며, 일반적인 과거가 아닌 『수동적인 의미』를 가진다. 수동적 의미는 내가 행동하는 것이 아닌 상대방에 의해 당하는 느낌이다. 다음 표를 보면 동사원형의 뜻에 수동적인 의미를 더하면 어떤 느낌이 나는지 보도록 하자.

원형->과거분사	동사원형 뜻	과거분사 뜻
make -> made	만들다	만들어진
use -> used	사용하다	사용된
take -> taken	가져가다	가져가진, 빼앗긴, 납치된 등등
know -> known	알다	알려진
give -> given	주다	주어진, 받은
tell -> told	말해주다	(~을) 들은
surprise -> surpised	놀라게 하다	놀라게 된, 놀란
annoy -> annoyed	짜증나게 하다	짜증나게 된, 짜증난

영어에서 이렇게 '당한'이라는 의미를 주고 싶을 땐 과거분사를 활용하는 방법밖에 없으니 꼭 익숙해지길 바라며, 이 개념을 활용하면 수동태의 개념도 이해할 수 있다. 수동태는 이후에 보도록 하자.

다음 예문을 통해 어떤 상황에서 과거분사가 활용되는지 보도록 한다.

예문 1) 이 지역에서 생산된 와인은 대부분 지역 안에서 소비된다.

'와인'은 이 문장의 주어이며, '생산된'이라는 표현이 농산물을 꾸며준다. 와인의 입장에서 생각해보면, 와인은 그 스스로를 생산하는 게 아닌 다른 누군가에 의해 생산을 당하는 입장이다. 생산을 당하는 그 입장이 수동적 의미이며, 과거분사를 사용하여 문장을 만들면 된다.

또한 '와인'은 스스로를 소비하는 것이 아닌 다른 사람들에게 의해 소비가 되는 입장이다. 즉 '소비된다'는 '소비된'이라는 과거분사에 '-이다'라는 뜻을 가진 be동사를 붙여 말해야 한다. 이를 수동태라고 하며, 이것을 수식화하면 『be + 과거분사』의 형태가 되어야 한다.
이 문장을 영어로 말하면, 'The wine produced in this region is normally consumed within the region.'으로 말할 수 있다.

예문 2) 문장을 이런 식으로 쓴다면, 그다지 경제적이지 않을 거야.

이 문장은 주어를 어떤 것으로 선택하는지에 따라 다른 문장이 된다. 수동태의 느낌으로 사용하여 문장을 효과적이고 경제적으로 가져가자면, '문장'이 주어로 선택되어야 한다. 즉 위의 문장은 '이런 형식으로 쓰인다면, 문장은 그다지 경제적이지 않을 것이다.'로 말해야 한다.

'문장'은 스스로 쓰는 게 아닌 다른 사람에 의해 '쓰다'라는 행동을 당한 것이므로, '쓰인'이라는 뜻을 가진 write의 과거분사 written을 사용해서 말해야 한다. 이를 영어로 말하면, 'Written in this way, the sentence would not be so economical.'으로 말할 수 있다.

Day 68 과거분사 (형용사) 연습 ①

336. 이 메일에 첨부된 파일을 참고해주세요.

337. 우리 지역에서 생산된 쌀이 제일 맛있죠!

338. 이 기사에 쓰인 내용 대부분은 거짓말로 밝혀졌습니다.

339. 이 미팅에서 나온 얘기는 전부 1급 비밀이야.

340. 이번 일로 피해를 입은 사람은 우리가 예상한 것보다 훨씬 더 많아.

Day 69 과거분사 (형용사) 연습 ②

341. 담배꽁초에서 시작된 불은 산 전체로 퍼져 태워 나갔다.

342. 오전 10시에 출발하기로 되어 있던 비행기는 5시간이 지난 후에나 출발할 수 있었다.

343. 아침 미팅에서 나온 사안들 정리해 놨나요?

344. 허락된 범위 내라면, 제가 대답해 드릴 수도 있을지도 몰라요.

345. 이 건물은 서울에서 지어진 최초의 서양식 건물이에요.

Day 68 과거분사 (형용사) 연습 ①

336. Please find the file attached to this email.

337. Rice produced in my region is the tastiest.

338. Most things written in this article turned out to be lies.

339. Anything said in this meeting is confidential.

340. The number of people damaged by this incident is much greater than we expected.

Day 69 과거분사 (형용사) 연습 ②

341. The fire started from the cigarette butt burned throughout the entire mountain.

342. The flight scheduled at 10 in the morning was able to take off 5 hours after its delay.

343. Have you organized the issues brought up in the morning meeting?

344. I may be able to answer your question within the range allowed.

345. This is the very first building in Western-style built in Seoul.

When + 분사 or 전치사

When은 때(언제)를 말해줄 때 사용한다. 일반적으로 when뒤에 『주어 + 동사』의 형태를 써서 말을 한다. 하지만 when뒤에는 『주어 + 동사』의 긴 문장 이외에도 짧고 효율적으로 말하기 위에 현재분사 혹은 과거분사, 전치사만을 사용해서 표현하기도 한다.

주의할 점은 현재분사와 과거분사는 주어가 생략된 상태이기 때문에 문장의 주어와 행동하는 것인지 아니면 행동을 당하는 것인지에 따라 현재분사와 과거분사로 형태를 바꿔야 한다. 즉 『when + 분사』도 문장과 같은 주어를 가지고 있었지만 중복하지 않기 위해서 생략한 형태이므로 주어가 행동을 하는 거면 현재분사(V-ing)를 활용해서 말하고, 행동을 당하는 거면 과거분사를 사용해 말해야 한다.

예문 1) 영어를 이해할 땐, 너는 문장을 덩어리로 끊어서 이해해야 해요.

이 표현은 원래 '(네가) 영어를 이해할 땐, 너는 문장을 덩어리로 끊어서 이해해야 해요.'라는 문장이었다. 하지만 주어가 반복이 되므로 when이 있는 부사절의 주어인 '네가'를 생략하고, 동사를 분사 형태로 바꿔 말했다. 즉 원래 문장은 'When you understand English, you should cut a sentence and understand it chunk by chunk.'이었지만, when에 해당하는 절을 간단하게 바꿔서 'When understanding English'로 바꿔서 말할 수 있다.

예문 2) 어두운 생각이 한 번 스며들면, 잘 없어지지 않아.

이 문장은 원래 '어두운 생각이 한 번 스며들면, 어두운 생각은 잘 없어지지 않아.'라는 문장이었다. 이는 주어를 동일하게 두 번 말하기 때문에 부사절에 나오는 주어를 제거하고, 주어와 동사의 관계에 맞춰 과거분사형으로 바꿔 말해야 한다. 또한 이 문장은 '~한 때'가 아닌 '한 번'이라는 표현이 필요하므로, when 대신 once로 말하는 게 맞다. 이외에도 말하고자 하는 뜻에 따라 while, since, as 등으로도 바꿀 수 있다. 즉 원래 문장은 'Once a dark thought is pervaded, a dark thought does not easily disappear.'이었지만, 자연스럽게 말하면 'Once pervaded, a dark thought does not easily disappear.'으로 바꿔 말할 수 있다.

예문 3) 의구심이 들 땐, 난 내 발자취를 다시 따라가 보는 것도 시작하기 좋은 장소라 생각한다.

이 문장은 원래, '내가 의구심을 가지고 있을 땐, 난 내 발자취를 다시 따라가 보는 것도 시작하기 좋은 장소라 생각한다.'였지만, 중복되는 말을 제거하여 더욱 간단한 문장으로 말할 수 있다. 이 문장에서 '나'라는 존재가 의구심이라는 '상황'안에 있다고 생각을 할 수 있기 때문에, 간단히 'when in doubt'라고 말하면 된다. 즉 원래 문장은 'When I am in doubt, I find retracing my steps to be a good place to start.'이었지만, 자연스럽게 바꾸면, 'When in doubt, I find retracing my steps to be a good place to start.'이 된다.

예문들을 통해 간단히 아이디어를 얻었다면, 다음 예제들을 통해 간단히 연습하도록 한다.

Day 70 When + 분사 or 전치사 연습 ①

346. 잠잘 때, 너 약간 멍청한 말 했어.

347. 나는 바쁜 때에 도와줄 사람들이 부족하면, 가벼운 요청에도 짜증이 난다.

348. 위험할 땐, 모든 생물들은 본능적으로 괴력을 발산하죠!

349. 그와 점심을 먹을 땐, 그의 어린 시절 이야기를 듣고 싶지 않다면 최대한 빨리 먹어야 해요!

350. 뭔가를 할 때, 좀 완벽하게 할 수 없어?

Day 71 When + 분사 or 전치사 연습 ②

351. 인생에 한 번쯤, 네 삶을 완전히 바꿔 놓을 기회를 마주합니다

352. 지나가던 중에 잠시 들렸어요.

353. 타이베이에 있는 동안, 생전 보지도 못한 지역 음식들을 먹었어요.

354. 지난달 집에 있는 동안, 마음 정리 다했어요.

355. 연어들은 방류되면 본능에 따라 넓은 바다로 향합니다.

Day 70 When + 분사 or 전치사 연습 ①

346. When in sleep, you kind of said something stupid.

347. When getting busy in short of hands, I get irritated by a simple request.

348. When in danger, every creature instinctively releases its superpower!

349. When having lunch with him, you need to eat as fast as you can. Unless you want to listen to his childhood.

350. When doing something, can't you get things done perfectly?

Day 71 When + 분사 or 전치사 연습 ②

351. Once in a life, you encounter an opportunity that could transform your life.

352. I just swung by while passing by.

353. While in Taipei, I had tried local dishes that I have never seen in my life.

354. While at home last month, I got myself sorted.

355. When set free, salmons head to the wide ocean upon their instinct.

과거분사: 부사적 용법

과거분사는 부사로도 사용될 수 있으며, 다음 3가지의 경우에 해당한다.

(1) 가정된 상황을 말해줄 때

(2) 주어에 의미를 더해주기 위해서 (형용사처럼)

(3) 동사에 대한 이유를 포함하여 말해주기 위해서

보통 가정할 땐 if를 많이 떠올리겠지만, 과거분사도 활용이 될 수 있다. 과거분사의 '당한' 느낌 자체는 변하지 않아야 하며, 이때 한국어에 가까운 뜻은 ' ~된다면, ~해진다면'이 있을 것이다. 또한, 2번 3번과 같은 경우에 한국어로는 보통 '~된 채로'라는 의미로 이해하면 좋을 것이다. 요약하면 아래 표와 같다.

	뜻	예문	
형용사	~된, ~해진	products made in Korea	한국에서 만들어진 물건들
부사	~된다면, ~해진다면 ~된 채로	Given the choices,	선택지가 주어진다면,

물론, 한국어로 의역하면 제공된 뜻과 의미가 많이 달라질 수 있다. 꼭 뜻으로만 이해할 게 아니라, 예제를 통해 느낌을 이해하는 것이 중요하다. 다음 예문을 보며 개념을 잡도록 하자.

예문 1) 그는 지진의 울림에 놀라, 책상 아래에 웅크렸다.

이 문장의 주어는 '그'이다. '그'는 책상 아래에 웅크렸는데, 이유는 지진에 놀랐기 때문이다. 3번에 대한 예제로서 '놀라게 된' 상태를 과거분사로 말하면 될 것이다. 이 문장을 영어의 순서로 다시 나열하면 '놀라 / 지진의 울림에 / 그는 웅클렸다. / 책상 아래에'가 될 것이다. 영어로 이를 표현하면, 'Scared by the tremble of an earthquake, he crouched under the table.'이 될 것이다.

예문 2) 그들이 우리에게 그다지 호의적이지 않다는 걸 감안했을 때, 이 정도면 아주 큰 성과야.

이 문장에서 주어와 동사를 가지는 부분은 '이 정도면 아주 큰 성과야.'이다. 이 부분은 영어로 말할 땐, '이건 꽤 큰 성공이야.'라고 말해야 한다, 즉 영어로 'This is still a huge success.'라고 말해야 한다. 그리고 과거분사로 말해야 하는 부분이 '감안했을 때'이다. 그 뒤엔 문장을 말하면 된다. '감안했을 때'는 'given the fact'이고, 비슷한 말로 '미뤄볼 때', '~하는 사실을 보면' 등이 있다. 위에서 말한 바와 같이, 꼭 가정을 말할 때 쓰는 if나 when을 활용하지 않더라도 과거분사로 표현할 수 있다. 예문을 영어로 말하면 'Given the fact that they are not friendly to us, this is still a huge success.'이 된다.

tip

과거분사는 to부정사, V-ing와 다르게 명사로는 사용할 수 없다.

Day 72 과거분사 (부사) 연습 ①

356. 글이 이렇게 쓰이면, 다른 사람들에게 혼란을 줄 수 있어.

357. 1945년에 지어지고, 이 건물은 계속 이 도시의 랜드마크 이어 왔어.

358. 한번 확정되면, 이 예약은 더 이상 변경은 불가능합니다.

359. 이 프로젝트가 끝나면, 우리에게 어디로 향해야 하는지 보여줄 거야.

360. 여름에 굴을 날 것으로 먹으면 복통을 유발할 수도 있어요.

Day 73 과거분사 (부사) 연습 ②

361. 비행기는 한번 뜨면, 돌아오지 않아.

362. 국내여행과 국외여행의 선택지가 있으면, 대부분의 사람들은 해외로 여행 가는 것을 선택하겠죠.

363. 위에 나열된 것처럼, 제품 판매를 최대화하는 것뿐만 아니라, 최고의 서비스 질을 보장하는 것도 요구됩니다.

364. 1분기 실적에 놀라, 주가가 거의 두배로 올랐어요.

365. 훈족에 의해 패배하여, 많은 유럽 국가들은 역사 속으로 사라졌다.

Day 72 과거분사 (부사) 연습 ①

356. Written in this way, this writing can confuse others.

357. Built in 1945, the building has been a landmark of this city.

358. Once confirmed, the reservation is no longer modifiable.

359. When done, this project will show us where to head.

360. When eaten raw, the oyster can cause you a stomachache.

Day 73 과거분사 (부사) 연습 ②

361. Once taken off, the flight does not come back.

362. Given the choices between domestic and foreign travel, most people would probably choose to travel abroad.

363. As listed above, not only maximizing product sales but also ensuring the best service quality is required.

364. Surprised by the performance in 1st quarter, the stock price almost doubled up.

365. Defeated by the Hun, many European countries faded away into history.

수동태

수동태는 시제나 조동사와 같이 배우는 게 일반적이지만, 형태와 의미를 정확하게 이해하기 위해서 과거분사와 같이 배우기도 한다. 이 소챕터에서는 수동태를 제대로 말하기 위해 수동태가 무엇인지 그리고 왜 사용하는지 공부하도록 한다.

지금까지 동사의 뜻을 외우면서 동사의 뜻이 만들어지는 패턴에 대해 생각해본 적이 있는가? 언제나 예외는 존재하지만, 대게 동사의 뜻은 3가지 패턴을 보인다.

(1) ~하다: 이다(be), 가지다(have), 만들다(make), 알다(know), say(말하다), believe(믿다)

이와 같은 단어를 '~하다'라는 범주에 묶어서 생각한다면 대부분의 동사는 이에 해당한다는 것을 알 수 있다.

(2) ~주다: give(주다), tell(말해주다), send(보내주다), teach(가르쳐주다), buy(사주다)

이 범주에 있는 단어들은 처음 수동의 의미로 바꾸는 이들에게는 상당히 어려울 수 있다. 의미를 자체를 바꿔야 한다. 예로, '주다'라는 동사를 수동의 의미를 추가하면 "'(남에게) 주다'라는 행위를 당하다"라는 의미로 '받다'라고 이해할 수 있어야 한다.

(3) ~하게 하다 (시키다): 놀라게 하다(surprise), 기쁘게 하다(please), 짜증 나게 하다(irritate), 패배시키다(defeat)

'~하게 하다'라는 뜻은 같은 의미로 '~시키다'라는 의미이기도 하며, 대부분 범주에 해당하는 단어는 감정과 관련된 동사이다. 감정은 동작이 아닌 상태이다. 다른 말로 하면 감정을 동작으로 표현하는 것은 불가능하기 때문에 남을 그렇게 만듦으로써 동작으로 표현할 수 있게 된다. 하지만 감정 이외에도 사역동사처럼 '~하게 하다'라는 뜻으로 끝이 나는 동사는 존재한다.

대부분의 단어들이 위와 같은 패턴의 뜻을 가지고 있다. 그렇다면 만약 '만들어지다, 필요로 된다, 사용되다, 놀라다, 불리다'와 같은 뜻을 만들고 싶다면, 이에 해당하는 다른 동사를 외워야 할까? 만약 이에 해당하는 다른 동사들이 존재한다면 외울 단어의 양이 2배로 많아지므로, 언어적인 기능이 떨어진다. 그렇기 때문에 기본적으로 아는 동사들을 활용하여 위와 같은 뜻을 구성하여 말해야 한다. 위와 같은 단어들은 공통적으로 수동의 의미(당하다)를 내포하고 있다. 그렇기에 과거분사를 이용해야 만들 수 있다는 힌트를 알 수 있을 것이다.

예로 '만들어지다'라는 뜻을 영어로 만드는 과정을 수식화 했다.

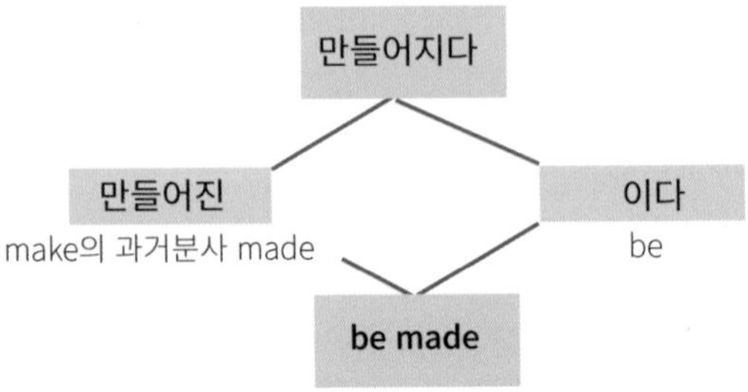

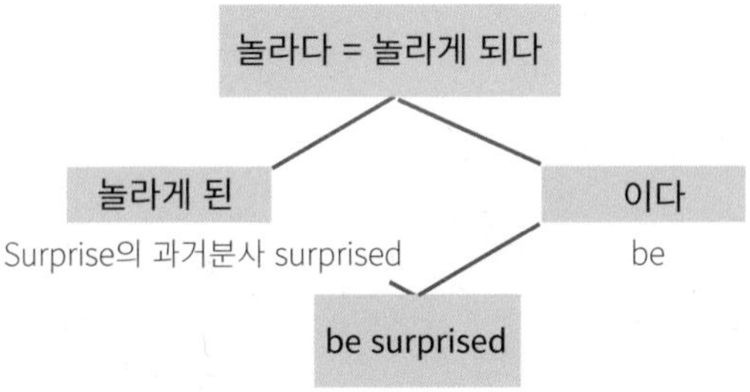

학교 및 학원에서 영어를 배웠다면, 『be + p.p(과거분사)』 라는 형식을 외웠을 것이다. 『be + 과거분사』 는그냥 만들어진 하나의 패턴이 아닌, be동사를 이용하여 뜻을 만든 결과물이다. 위의 내용을 제대로 이해했다면 왜 『be + 과거분사』 로 써야 했는지, 그리고 그 의미가 정확히 무엇인지 이유를 알 수 있을 것이다.

다음 표는 일반적인 동사의 뜻을 수동태로 바꾸면 어떤 식으로 의미가 나타나는 지를 보기 쉽게 정리한 것이다.

동사	동사의 뜻	수동태	수동태의 뜻
make	만들다	be made	만들어지다
need	필요로 하다	be needed	필요로 되다
use	사용하다	be used	사용되다
give	주다	be given	받다
tell	말해주다	be told	듣다
teach	가르쳐주다	be taught	배우다
surprise	놀라게 하다	be surprised	놀라게 되다 (=놀라다)
irritate	짜증 나게 하다	be irritated	짜증 나게 되다 (=짜증 나다)

많은 분들이 아시는 프랑스 파리예요! 앞에는 개선문이, 저 뒤에는 에펠탑이 보이네요! 프랑스어를 체계적으로 배우지 않아 지금은 거의 다 까먹었지만, 이때 영어와 짧은 프랑스어로 호텔 직원에게 물어보지 않았더라면 이 멋진 전경도 보지 못했겠죠?
일단 영어는 배워 두면 써먹을 기회는 두고두고 찾아와요. 기회를 잡으려면 미리 준비가 되어 있어야겠죠? 참고로, 프랑스어에 어원을 둔 영어 단어는 현재 전체의 30%가 넘는다고 해요! 프랑스어를 배우다 보면, 정치, 종교, 음식과 관련된 단어가 영어에서도 많이 사용된다는 걸 느끼실 거예요!

Day 74 수동태 연습 ①

366. 내 말 아직 안 끝났어.

367. 난 네가 저기서 보여준 모습에 꽤나 깊은 인상을 받았어.

Challenge
368. 이 치킨요리는 4시간 이상 훈제됐고, 안쪽에 마늘과 밥이 채워져 있어요.

369. 이 통계는 한국 주요 도시들의 수치를 기반으로 하고 있습니다.

370. 최근에 불면증으로 처방받은 적이 있어요.

Day 75 수동태 연습 ②

371. 이곳에선 약간의 실수로도 당신은 바로 문제아로 찍힐 수 있어요.

372. 매일 반복되는 삶에 너무 지쳤어.

373. 네가 정말로 먼저 날 방문하다니, 놀라운데?

Challenge
374. 저희 가족은 이번에 여행사에서 준비한 숙소에 너무 만족했어요!

375. 나는 그녀의 돌발행동에 꽤 창피했어요.

Day 74 수동태 연습 ①

366. I am not done talking to you yet.

367. I am quite impressed with what you have done back there.

Challenge
368. This chicken dish is roasted for over 4 hours and stuffed with rice and garlic.

369. This statistic is based on figures from major cities in Korea.

370. I recently have been prescribed for insomnia.

Day 75 수동태 연습 ②

371. You can be labeled as a trouble maker with even a slight mistake.

372. I am so tired of a routine life.

373. I am so surprised that you visited me first.

Challenge
374. My family is super satisfied with the accommodation arranged by the travel agency this time.

375. I was quite embarrassed by her unexpected action.

Day 76 수동태 연습 ③

376. 당신이 저희 서비스에 실망하신 건 당연합니다.

Challenge
377. 드레스 코드를 지키지 않으신 분은 파티에 입장하실 수 없습니다.

378. 대부분의 승객들은 그 사고에서 구조되었다고 방금 경찰이 말했습니다.

379. 기부받은 모든 돈은 100% 다 필요한 사람들에게 전달됩니다.

380. 이 자리 비어 있나요?

Day 76 수동태 연습 ③

376. You are justified in being disappointed at our service.

Challenge
377. The one who didn't follow the dress code is not allowed to enter the party.

378. Most of the passengers on the boat were rescued from the accident.

379. Every single donated penny will be sent to those who need it.

380. Is this seat taken?

전치사 with Key Words

민감한, 세심한: sensitive
도움: assistance *동의어: help, hand
(짐이나 물건을) 싸다: pack * N. 꾸러미, 묶음
짐: luggage * 동의어: baggage
실마리: clue * clueless Adj. 아무 것도 모르는
be occupied with: ~로 바쁘다 *occupy V. 차지하다
과적하다: overload
털썩 주저앉다: flop
고속도로: freeway
이기심: selfishness
운전대: steering wheel

11. 전치사 with

with는 어떤 개념으로, 어떤 상황에서 사용할까? 만약 with의 뜻을 '~와 (함께)'라고만 생각했다면, 이는 아주 잘못된 생각이다. 한국어로 만약 바꿔야 한다면, '~와'뿐만 아니라, '~를 가지고', '~로', '~이용해서'등 다양하게 번역될 수 있다. with의 기본 개념은 'without (~없이)'의 반대말로, '~이 있이' 즉, 더하기 (붙어있음)의 개념으로 사용하면 쉽다.

이 챕터에서는 with를 4가지 개념으로 나누어 설명한다.

'~와'의 의미인 경우,
with는 기본적으로 같은 자리에 함께 있는 경우에 사용할 수 있다.

(1) a glass of wine with a piece of apple 사과 한쪽과 와인
와인 한 잔을 의미하는 a glass of wine과 사과 한쪽을 의미하는 a piece of apple는 with를 통해 '함께 (붙어) 있음'을 나타낸다. 만약 '~와'를 표현할 때 and라는 접속사를 사용한다면, 붙어있는 느낌 없이 사과와 와인을 나열하는 것이 된다. 특히 '사과와 와인을 같이 먹는다.'라는 의미를 나타내고 싶을 땐, and보다는 with가 적절하다.

(2) a dinner with 5 colleagues 5명의 동료와 저녁식사
저녁과 함께 5명의 동료가 붙어서 같이 하는 이미지를 그리면 with를 이해하는데 도움이 될 것이다.

(3) (mix) butter with sugar 설탕과 버터를 (섞다)

mix는 '섞다'라는 의미로 '버터와 설탕을 함께 섞으세요.'라는 의미를 전달해주기 위해서, 버터와 설탕이 함께 붙어있는 느낌을 줄 수 있는 with를 사용해서 말해야 한다. 만약 with를 사용하지 않는다면 'butter and sugar together'이라는 단어를 사용해 표현이 가능하다.

(4) (stay) with parents 부모님과 (머물다)

'부모님과 (함께 붙어서) 머물다, 지낸다'라는 말을 표현해주기 위해 with를 사용한다.

(5) (be) with a friend 친구와 (있다)

be동사 뒤에 전치사를 사용하면 be동사는 대개 '이다'라는 뜻 대신, '있다'라는 뜻으로 사용된다. 지금 내가 친구와 함께 있음을 나타내기 위해선 'I am with a friend.'라고 말할 수 있다.

tip

with와 and이 동일하게 사용되는 경우

위 예문에서 with가 and과 다르게 사용되는 경우에 대해 설명했다. with는 and보다 함께 붙어있음을 표현하는 전치사로 강조했지만, 비슷하게 사용되는 경우도 있다. 물론, 섞어서 함께 먹는다는 의미는 아니지만, 만약 아침 식사로 계란과 우유를 먹었다면 'I had an egg with milk for breakfast.'로 말할 수도 있다.

'~을 가지고 (있는)'의 의미인 경우,

앞서 본 '~와'라는 표현과 기본적으로 붙어있는 느낌은 같지만, 한국어로는 다르게 해석되는 경우도 있다. 어떤 명사에 붙어, 그들의 특성이나 생각을 표현해 줄 때 사용할 수 있다.

(1) an idea with creativity

한 생각(an idea)을 말해주고 싶은데 그 생각이 어떠한 특성을 가지고 있는지 표현하고 싶다면with를 사용해서 표현할 수 있다. 'an idea with creativity'는 창의성이 더해진 혹은 창의성이 있는 생각을 말해주기 위해 사용할 수 있는 표현이다.

(2) a house with 2 bedrooms

방이 2개 있는 집을 말해주고 싶다면 'a house with 2 bedrooms'로 표현할 수 있다. 꼭 옆에 붙어 있는 것뿐만 아니라 안쪽에 있어도 함께 있는 것은 달라지지 않기 때문이다. 만약 더욱 추가해서 방 2개와 화장실 1개가 있다고 말하고 싶으면 with 뒤로 and을 연결해서 'a house with 2 bedrooms and a toilet'이라고 말할 수 있다.

(3) a bag with a bunch of pockets

만약 많은 주머니가 달린 가방을 표현하고 싶다면, 가방에 주머니가 많이 함께 붙어있는 느낌을 주어 'a bag with a bunch of pockets'로 말할 수 있다.

(4) a new smartphone with a cutting edge function

새로운 스마트폰을 샀는데 최신 기능이 있는 스마트폰이었다면, 최신 기능을 장착한 새로운 스마트폰이므로 with를 사용해서 'a new smartphone with a cutting edge function'으로 표현해야 한다. 만약 카메라 렌즈가 4개를 장착하고 있다면, 'a new smartphone with 4 camera lenses'라고 말할 것이다.

(5) a lady with blue eyes

위의 표현은 한 여성에게 푸른 눈이 붙어 있는 느낌으로, 한국어로 표현하면 파란 눈을 가진 여성이 된다. 이외에도 흑발이거나 점이 있다고 표현할 경우에도 with를 사용해서 표현해 줄 수 있다. 만약 눈 밑에 점이 있다고 하면, 'a lady with a mole under her eye'라고 말할 것이다.

(6) a person with weird accent

꼭 외형적인 것이 아닐지라도 그 물체나 사람에게 붙어있는 느낌이라면 with를 쓸 수 있다. 위의 표현은 '이상한 억양을 가진 사람'이라는 표현으로, 이외에도 '불순한 동기를 가진', '착한 마음을 가진', '평범한 지식수준을 가진'처럼 내적인 특성을 표현할 때도 with를 사용할 수 있다.

'~로, ~한 채로'의 의미인 경우,

(1) (tremble) with fear

with는 포함과 이유를 말해줄 때도 말할 수 있다. 만약 '내가 떨고 있다.' 라고 말하고 그 이유에 대해 말해주고 싶을 때, with를 사용할 수 있다. 즉 with fear이라고 하면, '공포로 (겁에 질려)'라는 표현이 되며, 이를 문장에 활용하면 'I trembled with fear.'라고 말할 수 있다.

(2) (blush) with embarrassment

무서움과 비슷하게, 창피함도 이유가 될 수가 있다. 예로 창피해서 얼굴을 붉혔다면 'I blushed with embarrassment.'로 간단히 말할 수 있다. 즉 with embarrassment는 '창피해서'라는 뜻이 된다.

(3) (struggle) with trouble

학교에서 숙어로 struggle with라는 표현을 배운 적이 있을 것이다. '~로 애쓰다'라는 표현인데, 여기서 with도 이유를 말해주는 역할을 한다. 어떠한 문제로 애쓰고 있다면 'I am struggling with trouble.'이라고 말할 수도 있고, 단어로 골머리를 썩고 있다면 trouble이라는 단어 대신 words로 바꿔 말하면 된다.

(4) with many thanks 많은 감사를 하며

앞선 예문과 조금 달리, 여기서의 with는 동작의 이유가 아닌, 문장에 대한 이유를 말해줄 때 사용한 것이다. 'with many thanks'는 한국어로 '많이 감사드리며'의 의미를 가지고 있으며, 보통 누구에게 감사를 표할지를 붙여 사용한다. 예로 'with many thanks to our partners'는 '우리의 파트너들에게 감사하며'라는 뜻으로 사용할 수 있다.

(5) (stuffed) with tons of money 많은 돈으로 (채워진)

만약 가방 안에 돈이 많이 들어 있다면, 어떻게 영어로 표현해야 할까? 역시 가방이 포함된 것을 말해주기 위해 with를 사용해서 말해야 한다. with만 써도 되지만, 더욱 정확하게 말하기 위해 '채워진'이라는 stuffed를 추가해 말해줄 수도 있다. 영어로 하면, 'a bag stuffed with tons of money'로 표현할 수 있다. 이외에도 다른 물건이 안에 있다면, tons of money를 빼고 다른 물건을 그 자리에 넣으면 된다.

~을 사용해서'의 의미인 경우,

'~을 사용해서'라는 의미는 '~을 가지고'와 상당히 유사하다. 즉 with를 '~을 이용해서'라는 의미로 사용할 땐, '~을 가지고'라고 말할 수 있어야 한다. 전치사를 공부하다 보면, with와 by의 사용에 대해 헷갈릴 때가 생긴다. 한국어로는 비슷할지 모르나, by는 행동이 어떻게 되는지를 보여주기 위해 사용한다. 특히 구별할 대상은 결제 수단, 연락 수단, 교통수단이다. 이 경우엔 언제나 by를 사용하니, 이 점을 유의하도록 하자.

(1) with bare hand

With는 '(무언가를 사용해서 혹은 이용해서) 행동을 한다'라는 의미를 전달할 때 사용이 되기도 한다. 만약 맨손으로 곰을 때려 잡았다면, 'knocked down a bear with bare hands.'라고 표현할 수 있으며, 여기서 with뒤에 bare hands를 이용한 것이 된다. 이외에도 권총이면 pistol, 덫이면 trap등으로 바꿀 수 있다.

(2) (catch) 2 birds with one stone

이 표현은 '2마리의 새를 돌맹이 하나로 (잡는다).'라는 표현으로 한국어로는 일석이조와 같은 말이다.

(3) (put together) with glue

이 표현은 '풀을 이용해서 (붙이다)'라는 표현으로 glue라는 존재를 가지고 행동을 취할 때 사용할 수 있다. 만약 glue가 아닌 다른 접착제를 말하고 싶은 경우, glue대신 adhesive를 넣어서 표현할 수 있다.

(4) (wipe off) with tissue

wipe off는 '닦아내다'라는 표현으로 얼룩, 립스틱, 불명예, 빚 등을 없애는 행동을 표현할 때 사용한다. 그리고 무엇으로 닦아내야 할지 말해주고 싶다면, with tissue (화장지로)와 같이 말해주면 된다. 화장지 대신 행주로 닦아내라고 말하고 싶다면, with a rag 아니면 with a dishrag로 말해주면 된다.

with의 개념을 숙지했다면, 다음 문장을 영어로 말해보며 연습해보자.

Day 77 전치사 with 연습 ①

381. 나는 <u>아무 소득 없이</u> 돌아와야 했어.

382. 그는 <u>한 단어단어 대해선</u> 아주 민감하지만, 여자의 감정에 대해서 아주 둔감해질 수도 있다.

383. 가방에 <u>짐 싸는 데</u> 도움이 좀 필요해요.

384. <u>에이미와의</u> 문제부터 먼저 처리하기 시작하시죠.

385. 오믈렛 위에 <u>케첩 뿌려서</u> 주시겠어요?

Day 78 전치사 with 연습 ②

386. 우리는 <u>존경을 담아</u> 그분의 유언을 따라야 합니다.

387. <u>나를</u> 따라오세요.

388. 아, 친구야. 난 <u>너랑</u> 웃는 게 아니라, 너를 비웃는 거야.

389. 무슨 일이 벌어질지도 <u>모르는 채로</u> 웃고 떠들고 있는 저들을 봐봐.

390. 아침엔 보통 시리얼에 <u>요거트와 과일</u>을 넣어서 먹어요.

Day 77 전치사 with 연습 ①

381. I had to come back with nothing.

382. He is super sensitive with words but can be terribly insensitive to a girl's feelings.

383. I need your assistance with packing up my luggage.

384. First, let's get started with the trouble with Amy.

385. One omelet with ketchup on it, please.

Day 78 전치사 with 연습 ②

386. We have to take his last will with full respect.

387. Come with me.

388. Oh, dear. I am laughing at you, not with you.

389. Look at those people laughing with no clue what is going to happen later.

390. I usually have cereal with yogurt and fruits for breakfast.

Day 79 전치사 with 연습 ③

Challenge
391. 모든 여행객들은 꿈을 가지고 여행을 떠나요.

392. 지금 다른 일로 엄청 바빠요.

393. 나도 데려가 줘!

394. 그 레스토랑에선 흥미롭게도 고추장과 외국 소스를 혼합해서 요리를 합니다.

Challenge
395. 강철을 과적한 대형 화물차가 고속도로 한가운데에 주저앉으며, 교통체증을 유발하고 있습니다.

Day 80 전치사 with 연습 ④

396. 그는 영화에서 금융권의 이기심에 질려버린 역을 맡았습니다.

397. 굳이 이 주식에만 고집하는 이유가 있으신가요?

398. 그는 이 세상에 플라스틱을 줄이자는 단 하나의 간단한 생각으로 이 회사를 시작했습니다.

Challenge
399. 지금 이 회사는 술 취한 운전자가 운전대를 잡은 차에 올라탄 거 같은 거야.

400. 전 더 이상 큰 문제에 연관되기 싫고, 그냥 흐름에 따르고 싶어요.

Day 79 전치사 with 연습 ③

Challenge
391. Every traveler starts off their trip with a dream.

392. Now I am fully occupied with other things.

393. Take me with you!

394. Interestingly the restaurant cook this menu, mixing Korean chili paste with foreign sauce.

Challenge
395. A lorry overloaded with steel flopped down on the ground, causing a traffic jam in the middle of the freeway.

Day 80 전치사 with 연습 ④

396. In the movie, he plays a role fed up with selfishness in the financial industry.

397. Is there any reason you stick with this stock only?

398. He started this company with one simple idea that he wanted to reduce the amount of plastic in the world.

Challenge
399. This company now is in a car with a drunk driver holding a steering wheel.

400. I no longer like to get involved with any big trouble but just go with the flow.

관계사 Key Words

관계대명사

험담하다: talk behind (back)
~를 대신하여, ~을 대표하여: on behalf of
누구를 방해하다: get in 누구의 way
약점: disadvantage
궁금한, 호기심이 많은: curious
소문: rumor
요점, 의견: point *point V. 가르키다
~대신에: instead of
오류: fallacy
신청서, 응용, 앱: application *apply: 신청하다, 적용하다
성격: character
반대편의: opposite *반의어. similar

Tip. Not that

오해하다: misunderstand *misunderstanding N. 오해
(이성에게) 집적거리다: flirt
뛰어난: extraordinary
~이긴 하지만, 그렇지만: though
급격히, 극적으로: dramatically
~에 집중하다: concentrate on *concentration: 집중

관계부사

선반: shelf
어둑어둑한, 우울한: gloomy
세계적인: international
열정: passion
세계적 유행병: pandemic *epidemic vs. pandemic
Epidemic과 pandemic의 큰 차이점은 범위이다.
만약 특정 지역에만 발생하면 epidemic이고, 세계적으로 퍼지면 pandemic이라고 한다.
세게 치다, (재난, 질병이) 덮치다: strike *strike: 공습, 파업

Tip. '~한 순간', '~하자마자' & '한 번 ~하면'

예감하다: forefeel
이상한, 낯선: strange
비어 있는: vacant
이용가능한: available
사직서: resignation letter *resign V. 퇴사하다
잠시 멈춤, 정적: pause *pause V. 잠시 멈추다
남성 구두: oxfords
사치스러운: luxurious
추천하다: recommend
비난하다: blame

12. 관계사

관계사는 to부정사, 현재분사, 과거분사와 비슷한 역할을 하여, 명사나 문장을 꾸며주기 위해 사용할 수 있는 방법이다. 더욱 정확히 말하면, 관계사는 관계사 뒤에 오는 동사나 문장을 형용사로 만들어 명사를 꾸며줄 때 또는 부사로 만들어 문장을 꾸며줄 때도 사용될 수 있다. 즉 관계사 뒤에는 동사 및 문장이 위치하여, 이를 형용사나 부사의 뜻으로 만들어 준다.

관계사는 관계대명사와 관계부사로 나누어 연습해야 한다. 관계대명사와 관계부사의 개념 자체는 같지만, 몇몇 다른 점이 있다. 이에 관한 내용을 도식화해서 보면 이해하기 더욱 쉬울 수 있다.

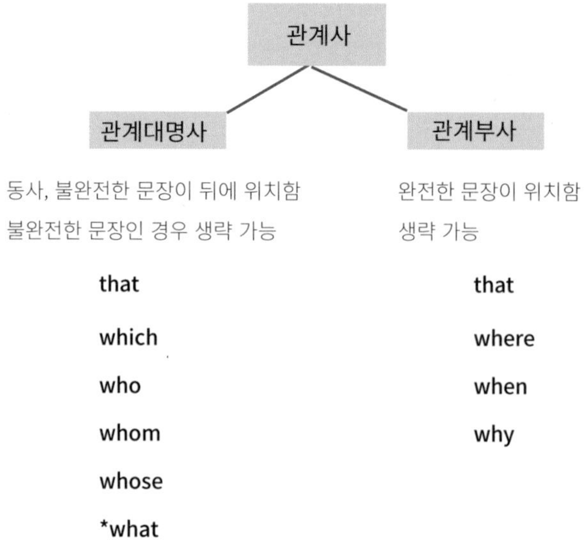

*what은 이후에 that절과 비교하여 공부해야 한다. 관계사로서 이해하기보단 '~것'의 차이에 대해 이해하는 게 더욱 쉽고 완벽하다.

tip

만약 '명사를 꾸며주다.' 혹은 '명사를 수식하다'라는 의미가 와닿지 않는 경우, to부정사에서 설명한 예문 5가지를 다시 보길 추천한다. 관계대명사에 대한 예문은 4번과 5번이다.

관계대명사

관계대명사를 사용할 때 주의할 점은 다음과 같다.

(1) 관계대명사는 뜻을 부여하지 않는다.

(2) 꾸며줄 대상이 생명체이면, who(m)을 사용하며,
생명체가 아닌 명사들은 which를 사용한다.

who, whom, which는 각각 다음 요소들을 형용사로 표현한다.
who + 동사: 동사를 형용사의 의미로 만듦.
who(m) + 주어 + 동사: 불완전한 문장을 형용사의 의미로 만듦. (관계대명사 생략 가능)
which + 동사: 동사를 형용사의 의미로 만듦.
which + 주어 + 동사: 불완전한 문장을 형용사의 의미로 만듦. (관계대명사 생략 가능)

(3) whose는 명사에 관계없이 사용한다.

하지만, whose의 뜻은 명사의 소유가 어떠한 지를 말해줄 때만 사용한다. whose는 완벽한 문장을 형용사의 의미로 만들지만, 앞 명사의 뜻도 이어받는다.

whose + 주어 + 동사 + 필요 문장 요소

(4) that은 관계대명사와 관계부사 상관없이 사용이 가능하지만, 문장 전체를 꾸며주는 경우엔 사용할 수 없다.

또한, 가장 좋은 것은 that보다 꾸며줄 대상에 따라 which와 who를 정확하게 사용하는 것이다.

다음 예문을 통해, 왜 관계대명사를 사용하고 관계대명사가 어떻게 동사나 문장을 형용사로 바꾸는지 이해하도록 한다.

예문 1) 호텔 프런트에서 일하는 매니저

이 표현에서 꾸며줄 대상은 '매니저'이며, 사람을 꾸며주는 관계대명사 who와 '일하다'라는 동사가 합쳐져 '일하는'이라는 형용사적 표현을 만들어준다. '일하는'이라는 표현은 앞서 배운 현재분사를 통해서도 표현이 가능하다. 이를 영어로 말하면, 'a manager who works in the hotel front office'이거나 'a manager working in the hotel front office'이 된다.

예문 2) 할머니가 20대 때 사랑에 빠졌던 남자

이 표현에서 꾸며줄 대상은 남자이며, '할머니가 사랑에 빠졌던'이라는 표현이 남자를 꾸며주는 부분이다. 사람을 꾸며주는 관계대명사 who 또는 whom과 문장 '할머니가 사랑에 빠졌었다.'를 합쳐 형용사로 표현할 수 있다. 형용사로 만들어주는 표현이 『주어 + 동사』의 형태로 존재하기 때문에, who와 whom 중 골라서 사용하면 되며, 생략해도 무방하다. 이를 영어로 말하면, 'the man (whom) the grandmother had fallen in love with'가 된다. 『주어 + 동사』를 형용사로 만드는 것은 관계사로만 표현할 수 있다. to부정사, 현재분사, 과거분사는 동사만을 형용사의 의미로 바꿔줄 수 있다.

예문 3) 1시간 이상 계속된 아침 브리핑

이 표현에서 꾸며줄 대상은 아침 브리핑이며, '계속된'이 생명체가 아닌 명사를 꾸며줄 때 사용하는 which와 '계속되다'라는 동사 last의 합쳐져 형용사로 표현된 것이다. '계속된'은 과거형이므로, lasted로 바꿔 which와 붙여서 말하면 '계속된'이라는 표현을 말할 수 있다. 과거형의 동사를 형용사로 바꿔줄 때도 관계사만을 사용한다. 이를 영어로 말하면, 'the morning briefing which lasted for over an hour'이 된다.

예문 4) 내가 나 스스로에게 주는 선물

이 표현에서 꾸며줄 대상은 선물이며, '내가 주는'은 생명체가 아닌 명사를 꾸며주는 관계대명사 which와 '내가 주다'를 합쳐 형용사로 표현된 것이다. which는 who와 whom과 달리 뒤에 『주어 + 동사』를 형용사로 바꿔주더라도 which를 사용하면 된다. 또한 『주어 + 동사』를 형용사로 만들기 때문에, 관계대명사는 생략될 수 있다. 이를 영어로 말하면, 'a gift (which) I give myself'가 된다.

예문 5) 얼굴에 자신감이 없던 소년

이 표현에서 꾸며줄 대상은 소년이다. 꾸며주는 표현은 '(그의) 얼굴이 자신감이 없는'이며, 관계대명사 whose를 사용하여 표현해준다. 이를 영어로 말하면, 'a boy whose face is not confident'이 된다.

만약 이 표현을 '얼굴에 자신감을 가지고 있지 않던 소년'이라고 표현할 경우, 의미는 같지만 관계대명사 who 또한 붙어있음을 말해주는 전치사 with를 사용해 표현할 수도 있다. who를 사용해 말하면 'a boy who does not have confidence on his face'가 된다. with를 사용한다면, 'a boy with no confidence on his face'로 표현할 수도 있다.

만약 초보자가 이 챕터를 공부한다면, 관계대명사에 대한 개념을 먼저 잡고 문장을 만드는 것에 집중하도록 한다. 만약 중급자가 이 챕터를 공부한다면 편한 관계대명사만 쓰는 것이 아닌 앞서 배운 to부정사 혹은 현재분사, 과거분사, 전치사, whose를 이용해서 문장을 최대한 다양하게 만들어보도록 한다.

문장을 만들기 전에 아래 예제를 조금 더 연습해보길 바란다.

예제 1) **책을 읽기 좋아하는 누구든**

anyone who likes reading a book

예제 2) **올 거라고 내가 생각도 못했던 친구**

a friend who(m) I did not expect to come.

예제 3) **한 때 이 호텔을 소유했던 전 사장님**

a former president who once owned this hotel

예제 4) **내가 맡고 있는 일**

a job which I am in charge of

예제 5) **내가 지금부터 말해줄 것**

a thing which I am going to tell you now

예제 6) **분리수거가 되어야 할 쓰레기**

trash which needs to be recycled

예제 7) **이 장소에 있던 초등학교**

an elementary school which used to stand here

예제 8) **기준이 명확한 선생님**

a teacher whose criteria are clear

예제 9) **시력이 남들보다 뛰어난 몽골인**

a Mongolian whose eye sight is superior to others

예제 10) **성냥과 같은 삐쩍 마른 몸매였던 피난민**

a refugee whose body was skinny like a match

관계대명사에 대한 내용이 숙지했다면, 다음 문장을 영어로 말해보며 연습해보자.

Not that

not that은 '~하다는 건 아니다', '~인건 아니다'라는 뜻으로, 앞서 말한 내용에 반대되는 내용을 말할 때 사용한다. that뒤에는 『주어 + 동사』의 형태가 나오며, '내가 뭐 신경 쓰는 건 아니고', '이게 중요하다는 건 아니고', '내가 너무 마셨다는 건 아니고' 등을 말하고 싶을 때 사용할 수 있다.

또한, 다른 헷갈리지 말아야 할 표현으로 'Not that I know of.'가 있다. 이 표현은 위와 조금 다르게, 질문에 대한 대답이 '아니요.', '내가 알고 있는 한 그런 건 없어요.'라고 대답하고 싶을 때 사용한다. 비슷한 표현으로는 'not that I aware of', 'not as far as I know'등이 있어 바꿔 사용할 수 있다.

Day 81 관계사 (관계 대명사) 연습 ①

401. 그날이었다. 나의 삶을 통째로 바꾼 날은.

402. 그는 네 뒤에서 험담이나 할 사람이 아니야.

403. 이게 내가 경험했던 것 중 최악의 일이었어!

404. 내가 해줄 수 있는 건 이것뿐이에요.

405. 방에 들어가자, 내가 세운 모든 계획을 다 잊어버렸어.

Day 82 관계사 (관계 대명사) 연습 ②

406. 제가 어제 방문했던 제 동료를 대신해 어제 실수를 사과드립니다.

407. 내 앞길을 막는 그 누구든 부숴버릴 거야.

408. 전 방 크기가 최소 90m²가 넘는 집을 찾고 있어요.

409. 어, 그거 내가 올해 들었던 개그 중에 가장 웃긴 개그야.

410. 이번 주 쉐라톤 호텔에서 열리는 미팅에 참석하지 않는 분들은 불이익이 있을 수도 있습니다.

Day 81 관계사 (관계 대명사) 연습 ①

401. It was the day that changed my whole life.

402. He is not the guy who would talk behind your back.

403. It was the worst thing that I have ever gone through in my life.

404. All I can do for you is this.

405. When I entered the room, every plan which I made is forgotten.

Day 82 관계사 (관계 대명사) 연습 ②

406. I apologize for the mistake on behalf of my coworker who visited you yesterday.

407. I will destroy anyone who gets in my way.

408. I am looking for a house whose room is at least 90m2.

409. Uh, that is the most hilarious joke which I have ever heard this year.

410. People who do not attend the meeting held at the Sheraton hotel this week could have a disadvantage.

Day 83 관계사 (관계 대명사) 연습 ③

411. 네가 궁금해하던 것부터 시작할까?

412. 표정이란 건 숨길 수 있는 게 아니야.

413. 내가 별로 듣기 좋아하는 말은 아니지만, 받아들여야겠지.

414. 내가 너에게 해줘야 할 말이 있어.

Challenge 415. 내가 너라면 그녀에게 그런 말은 절대 안 할 거야.

Day 84 관계사 (관계 대명사) 연습 ④

416. 사람들이 떠들고 다니던 게 소문인 줄 알았는데. 이게 실화야?

417. 네가 꿈꿔오던 모든 게 현실이 되었어!

418. 내가 말하려는 건 가까운 길도 있었는데, 일부러 멀리 돌아간 거예요.

419. 모든 이들이 헷갈려하는 오류를 하나 정정해줘야 할 듯 해.

420. 나는 한국인들이 후라이드 치킨에 미쳐있다는 인상을 받았어.

Day 83 관계사 (관계 대명사) 연습 ③

411. Let's get started with the one that you were curious about.

412. Emotions are not something that we can hide.

413. That is not a word which I like to hear, but I should accept it.

414. There is something that I need to tell you.

Challenge 415. If I were you, that is the last thing which I would tell her.

Day 84 관계사 (관계 대명사) 연습 ④

416. I thought everything which people were talking about was just a rumor. But is this for real?

417. Everything which I have dreamed about came true!

418. The point which I am making here is that you chose a long way instead of a short one on purpose.

419. I might have to correct a fallacy which everyone is confused about.

420. I get the impression that Korean go crazy for fried chicken.

Day 85 관계사 (관계 대명사) 연습 ⑤

Challenge
421. 휴가가 7월에 있으신 분들은 오는 수요일까지 신청서 제출해주세요.

422. 딱 그런 게 제가 배우고 싶어 하는 거예요!

423. 방금 빨강머리에 선글라스 쓴 사람 지나가는 거 못 봤어요?

424. 우리가 결정한 거라곤, 어디로 여행을 갈지 와 뭘 먹을지 밖에 없잖아!

425. 성격이 다른 두 사람이 더욱 좋은 커플이 될 수 있다고 해.

Day 86 관계사 (관계 대명사) 연습 ⑥

426. 그는 하나도 모르겠다는 얼굴로 날 그냥 쳐다만 봤어요.

427. 이 남성 구두를 소화할 수 있는 사람을 찾기는 힘들겠어.

Challenge
428. 계란 프라이밖에 못하는 사람치곤, 입이 아주 고급이시네요.

429. 네가 저번에 나에게 추천해줬던 영화가 뭐였더라?

430. 여자 친구가 다이어트에 실패하면, 그녀는 분명 날 비난의 첫 번째 타깃으로 삼을 거예요.

Day 85 관계사 (관계 대명사) 연습 ⑤

Challenge
421. Those whose vacation is planned for July. Please hand in the application by the following Wednesday.

422. That's exactly the sort of thing that I'm very interested in learning how to do.

423. Haven't you seen a person whose hair is red and wearing sunglasses?

424. The only thing which we have decided is where to travel and what to eat!

425. It is said that two people whose character is opposite can make a better couple.

Day 86 관계사 (관계 대명사) 연습 ⑥

426. He just stared at me with the face that he has no idea.

427. It seems impossible to find someone who can pull off these oxfords.

Challenge
428. For someone who can only cook fried eggs, you have very luxurious taste.

429. What was the movie which you recommended to me?

430. When my girlfriend fails the diet, I am the first one who she is going to blame.

Day 87 Tip. Not that 연습 ①

431. 그럴 생각이 아니었지만, 당신이 오해하게 한 듯하네요.

432. 그들이 잘했다는 건 아니지만, 그렇게까지 비난받을 일은 아닌 거 같아요.

433. 내가 그를 잘 아는 건 아니지만, 사무실 여직원들에게 꼬리 치는 사람 아니야?

434. 여기 음식은 정말 끝내줘요, 내가 먹어본 건 아니지만.

435. 그 사람을 내가 가까이서 본 건 아닌데, 그녀는 목에 점이 있지 않았니?

Day 88 Tip. Not that 연습 ②

436. 너 어제 데이트 어떻게 됐어? 뭐, 내가 신경 쓰는 건 아닌데.

437. 결국엔 내가 뭘 하든 너와는 상관없지.

438. 답변하기 싫은 건 아닌데, 지금은 좀 시기상 곤란합니다.

439. 내가 네 성격이 확 바뀌길 기대하는 건 아니야.

Challenge
440. 위층 소음이 집중 못할 정도로 방해되는 건 아니에요.

Day 87 Tip. Not that 연습 ①

431. Not that I was thinking to do, but I may have made you misunderstand.

432. Not that they did a good job. But is it something they should get blamed for this much?

433. Not that I know him well, but isn't he the guy flirting with female employees in the office?

434. The food here is extraordinary, not that I have eaten it.

435. Not that I have seen her up close, but doesn't she have a mole on her neck?

Day 88 Tip. Not that 연습 ②

436. How did your date last night go? Not that I care.

437. Not that It matters with you what I do in the end.

438. It is a bit difficult to answer at the moment, not that I don't want to though.

439. Not that I expect your character to change dramatically.

Challenge
440. Not that the noise from upstairs makes it impossible to concentrate.

이 책을 통해 어떻게 영어를 시작하고 말해야 할지 감이 잡히고 계신가요? 회화 강의라고 해서 '실생활에서 사용되는 표현'만 공부해서는 실제 상황에서 사용하기 힘들어요. 기본적으로, 원어민이 많이 쓰는 표현이 아니더라도 내가 하고 싶은 말을 바로 바로 말할 수 있는 실력이 바탕이 되어야 해요. 그 실력 위에 추가적으로 표현을 배워 나가며 원어민이 말하는 것과 비슷하게 고쳐 나가야 실전에서 당황하지 않고 말할 수 있어요. 여기서 배우는 패턴만으로도 저는 충분히 일하는데 문제가 없었어요. 물론, 해외에서 일을 하며 실전 연습도 병행할 수 있었기 때문에 더 감각을 잡기 쉬웠던 거 같아요. 이 책으로 공부하시는 수강생 분들도 이 책을 공부한 후에 만약 시간이 된다면, 외국인과 대화를 하며 실전 감각을 익혀 나중에 당황하지 않고 말하실 수 있길 바랍니다.

관계부사

관계부사를 사용할 때의 주의점은 다음과 같다.

(1) 관계부사는 장소(공간)를 꾸며주는 where, 시간(때)을 꾸며주는 when, 이유를 꾸며주는 why가 있고, 만약 꾸며줄 대상이 없는 경우, 각 단어의 고유의 뜻을 사용한다. 고유의 뜻으로 사용될 때는 그 자체가 명사절이 된다.

(2) 만약 꾸며줄 대상이 명확하다면, 언제나 생략 가능하다. 그렇기에 대부분 생략하는 것이 일반적이다.

(3) 관계대명사와 달리, 완벽한 문장이 관계부사 뒤에 위치해야 한다. 즉 관계부사는 완벽한 문장을 형용사의 의미로 바꿔 사용하는 방식이다.

tip

관계대명사와 관계부사 상관없이 생략은 그 단어가 없어도 이해가 되는 경우에 할 수 있다. 즉 꾸며줄 대상 뒤에 『주어 + 동사』가 반복된다면 누가 보더라도 관계사가 생략된 것을 알 수 있기 때문에 구어체에서는 일반적으로 관계사를 생략하고 말한다. 하지만 연습할 땐 언제나 붙여서 연습해야 익숙해질 수 있다.

다음 예문을 통해, 왜 관계대명사를 사용하고 관계대명사가 어떻게 동사나 문장을 형용사로 바꾸는지 이해하도록 한다.

예문 1) 한 남자가 여자를 보고 첫눈에 사랑에 빠지는 그런 오래된 영화의 한 장면 같았다.

이 문장에서 '한 남자가 여자를 보고 첫눈에 사랑에 빠지는'이라는 표현은 '한 장면'이라는 명사를 꾸며주는 역할을 한다. where을 보통 '장소'만을 꾸며준다고 생각하는데, 이 '장소'의 개념은 학교, 병원과 같은 장소뿐만 아니라, 장면, 상황도 포함이 된다. 그렇기에 이 문장에서는 where을 통해 '한 장면'이라는 명사를 꾸며줄 수 있다. 즉 '한 남자가 여자를 보고 첫눈에 사랑에 빠지다.'를 형용사처럼 '사랑에 빠지는'으로 고치기 위해 앞에 where을 붙여 표현하면 된다. 이 문장을 영어로 말하면, 'It was like a scene from an old movie where a man sees a girl and falls in love at first sight.'이 된다.

예문 2) 모두들 갑자기 훌쩍 떠나고 싶은 그런 순간이 있잖아.

이 문장에서 '갑자기 훌쩍 떠나고 싶은'이라는 표현은 '순간 (the moment)'를 꾸며주는 역할을 한다. 시간과 관련된 명사를 꾸며줄 땐 when을 사용하며, 이를 영어로 말하면, 'Everyone has the moment when they suddenly want to leave.'가 된다. 이때, 꾸며주는 말에는 주어가 없으므로 현재분사를 사용하여 표현할 수 있다. 이 형식을 따르면, 'Everyone has the moment when suddenly wanting to leave.'으로 말할 수 있다.

예문 3) 그게 내가 너에게 그 일을 맡긴 이유야.

이 문장에서 '내가 너에게 그 일을 맡긴'이라는 표현이 '이유'라는 명사를 꾸며주는 역할을 한다. 일반적으로 reason과 why는 둘 중 하나를 생략해서 말하기 때문에, '내가 너에게 그 일을 맡기다.'를 형용사적 표현으로 바꾸기 위해, 그 앞에 reason 또는 why를 붙여서 표현을 완성할 수 있다. 이 문장을 영어로 말하면, 'That is the reason (why) I put you in charge.'가 된다.

관계부사에 대한 내용이 숙지됐다면, 다음 예제를 영어로 말해보며 연습해보자.

Day 89 관계사 (관계부사) 연습 ①

441. 여기가 이제 네가 일하게 될 곳이야.

442. 그는 여기 입사한 날부터 슈퍼스타였어.

443. 이곳은 내가 태어나고 자란 곳이야.

444. 그냥, 그날은 내가 하는 건 다 잘되고, 그가 하면 다 안 되는 그런 날이었어.

445. 안내소에서 언제 다음 기차가 오는지 알려줄 거야.

Day 90 관계사 (관계부사) 연습 ②

446. 파리에 도착하자마자, 파리와 사랑에 빠져버렸어.

447. 네가 매번 주머니에서 나오는 모든 물건을 두는 선반 위에서 찾아냈지.

448. 내가 런던에 갔던 첫 며칠은 꽤나 날씨가 우중충했어.

449. 그 시기는 한국의 기업들이 세계적인 기업으로 탈바꿈하던 때였어요.

Challenge
450. 나는 세상이 사랑과 열정이 가득한 곳으로 생각해.

Day 89 관계사 (관계부사) 연습 ①

441. This is where you are going to work.

442. He was a superstar from day one when he joined.

443. This is the city where I was born and grew up.

444. It was just one of those days where I could do nothing wrong, and he could not do anything right.

445. The information desk will tell you when the next train arrives.

Day 90 관계사 (관계부사) 연습 ②

446. On the first day when I arrived, I fell in love with Paris.

447. I found it on the shelves where you put everything that you had from your pocket.

448. For the first couple of days when I was in London, it had pretty gloomy weather.

449. That was the year when Korean corporations transform themselves into international corporations.

Challenge 450. I see this world where it has full of love and passion.

Day 91 관계사 (관계부사) 연습 ③

451. 생일은 탄생을 축하하는 것뿐만 아니라, 어머니의 헌신을 감사하는 날이기도 하다.

452. 우리는 심각한 바이러스가 전 세계를 강타한 2020년을 잊지 못할 거야.

453. 네가 왕인 세상이라면, 그녀가 너와 사랑에 빠졌을 수도 있지.

454. 왜 독일인들이 그렇게 행동하는지 이해하려고 해 본 적 있어?

455. 강가 근처에 우리가 저번에 좋은 시간을 보냈던 음식점 기억나?

Day 91 관계사 (관계부사) 연습 ③

451. 'Birthday' is a day when we not only celebrate the birthday but also appreciate the mother's devotion.

452. We will never forget 2020, the year when the pandemic stroke the whole world.

453. She could have fallen in love with you in a world where you are a king.

454. Have you ever tried to understand why the German act like that?

455. Do you remember the restaurant by the river where we had a great time together?

tip

'~한 순간', '~하자마자' & '한 번 ~하면'

'~한 순간'이라는 '때'를 말하고 싶을 땐, the moment 혹은 the second, the minute 등과 같이 짧은 순간에 해당하는 단어를 사용해 말할 수 있다. 비슷한 표현으로 once는 앞선 표현들과 같이 '~한 순간', '~하자마자'라는 뜻으로 사용할 수 있고 '일단 한 번 ~하면'이라는 뜻으로도 자주 사용한다.

Day 92 Tip. '~한 순간', '~하자마자' & '한 번 ~하면' 연습 ①

456. 난 그녀를 만난 순간, 나는 그녀와 사랑에 빠질 걸 예감했다.

457. 전철에 탄 순간, 음식점에 뭔가 놓고 왔음을 직감했다.

458. 한 번 맛보면, 매번 이것만 찾을 걸?

459. 한 번 생각이 다른 곳에 사로잡히면, 다시 집중하기 힘들어집니다.

460. 그를 발견하면, 바로 나에게 전화하라고 해주세요.

Day 93 Tip. '~한 순간', '~하자마자' & '한 번 ~하면' 연습 ②

461. 방이 없다고요? 그럼 방이 나오면 바로 알려주세요.

462. 오늘 투어가 너무 피곤했나 봐요. 부모님은 방에 돌아오자마자 주무시러 갔어요.

463. 사직하자마자 자유와 함께 동시에 걱정이 쏟아졌습니다.

464. 그가 돌아오자마자, 우리는 뭔가 이상함을 눈치챘다.

465. 내가 들어온 순간, 정적만이 흘렀다.

Day 92 Tip. '~한 순간', '~하자마자' & '한 번 ~하면' 연습 ①

456. The second I met her, I forefelt that we will fall in love.

457. The moment I took the metro, I realized that I left something back at the restaurant.

458. Once you taste it, you will find yourself looking for it every time.

459. Once the mind is taken over by something else, it gets difficult to focus again.

460. The minute you see him, please tell him to call me right away.

Day 93 Tip. '~한 순간', '~하자마자' & '한 번 ~하면' 연습 ②

461. No vacant room now? Then please let me know once the room is available.

462. May the tour today be tiring for my parents. They went to bed once coming back to the room.

463. Once handing in a resignation letter, I felt both freedom and worries at the same time.

464. The moment he came back, we realized something strange.

465. Once I walked in, there was nothing but a pause.

가짜 주어 it Key Words

기쁨: pleasure * please V. 기쁘게 하다
정책: policy
보통의, 일상적인: ordinary
약간, 어느 정도: kind of
우연: coincidence *coincidental Adj. 우연의
차별: discrimination *discriminate V. 차별하다
존재하다: exist
확실한, 특정한: certain
공통적인, 흔한: common
이례적인, 흔치 않은: unusual
불행한, 유감스러운: unfortunate
여행 보험: travel insurance
미덕의: virtuous
고요한: silent
무책임한: irresponsible
어리둥절하게 하는: bewildering *bewilder V. 어리둥절하게 하다
감당할 만한: affordable
좌절하게 하는: frustrating *frustrate V. 좌절하게 하다
매우 흥미로운, 매력적인: fascinating *fascinate V. 마음을 사로잡다
현실적인: realistic
규정, 규제: regulation *regulate V. 규제하다
매년의: annual
(어떤 정도, 수준, 시간)까지: up to
타이어 자국: skid mark
시간을 절약해 주는: time-saving

13. 가짜 주어 it

영어에서 it의 역할은 크게 3가지가 있다.

(1) 앞에 말한 명사를 받아 '그것'으로 표현할 때,

만약 같은 단어를 매 문장마다 반복한다면, 어색한 문장이 될 것이다. 그렇기에, 앞의 중요 한 단어 혹은 명사구, 절을 이어서 '그것'으로 표현해서 써야 한다.

(2) 해석할 필요가 없는 가짜 명사를 만들어 문장을 이해하기 쉽게 만들거나 형식을 유지할 때,

이 경우는 문법적으로 가주어, 가목적어라고 칭한다. It을 사용해서 주어와 목적어를 짧게 만듦으로써 문장은 간결해지고 의미는 뚜렷해진다.

(3) 동사에 이미 주어의 의미가 있을 때,

영어 문법을 배울 때 비인칭주어라는 표현을 본 적이 있을 것이다. 이미 동사에 의미가 있을 때를 의미하며, 날씨를 나타내는 동사를 사용할 때 이 경우에 대부분 해당한다.

다음 예문을 보며, 영어로 말하는 방식을 조금 더 확실히 하자.

예문 1) 어제 집에 오다가 친구네 집에 잠시 들렀어. 내가 사는 곳으로부턴 조금 멀리 있긴 하지만.

이 두 문장을 영어로 하면, 'I dropped by my friend's house on the way back home yesterday. But it was a little bit far from where I live.'이다. 두 번째 문장의 it은 친구의 집이라는 뜻을 이어받는다. 즉 내 친구의 집을 매번 말하는 것이 아닌, 맨 첫 문장의 한 번만 말하면 그 뒤 문장에서는 it으로 표현할 수 있음을 의미한다.

예문 2) 혼자 공부하려고 마음먹는 건 쉽지 않아.

만약 이 문장에서 주어는 무엇인가? 만약 '혼자 공부하려고 마음먹는 건'을 주어로 말할 생각이라면 틀렸다. 주어가 길어지면 동사를 파악하기 힘들기 때문에 듣는 사람이 피곤해진다. 그렇기 때문에 '쉽지 않아.'를 먼저 말해주고 무엇이 쉽지 않은 지는 to부정사를 이용해서 말해줘야 한다. 영어로 말하면, 'It is not easy to pull myself together to study.'가 된다.

예문 3) 내가 거짓말했다는데 웃기지 않아?

이 문장 역시 '내가 거짓말했다는데'라는 표현보다는 '웃기지 않아?'라는 표현이 먼저 나와주는 것이 중요하다. 이어서 '내가 거짓말했다'라는 문장을 명사화해야 하기 때문에, that을 사용해서 표현해주면 된다. 의미에 따라 다양한 명사절을 사용해 말해야 한다. 이 문장을 영어로 말하면 'Isn't it hilarious that I lied?'가 된다.

예문 4) 곧 눈이 내릴 거 같아.

한국어는 '눈'이라는 주어와 '내리다'라는 서술어가 만나 문장이 형성된다. 하지만 영단어 snow는 그 뜻 자체가 '눈이 내리다'이다. 그러므로 주어로 사용할 단어가 문장에 존재하지 않는다. 이런 경우 사용하는 것이 비인칭주어 it이다. 이 it은 형식을 맞추기 위해 사용될 뿐이다. 이 문장을 영어로 하면, ’It would snow soon.' 혹은 'It seems that it will snow soon.'이 된다.

예문 5) 내가 저번에 더 이상 이 일에 관여되고 싶지 않다고 확실히 말씀드리지 않았나요?

이 문장에서 먼저 말해야 할 것은 '내가 저번에 ~ 확실히 말씀드리지 않았나요?'라는 표현이며, 그 뒤에 '나는 더 이상 이 일에 관여되고 싶지 않다'라는 that으로 시작되는 명사절(문장)을 넣어주면 된다. 이렇게 말하는 이유는 원래 동사 바로 뒤에 나올 표현이 너무 길기 때문이다. 원래대로 말한다면 'Haven't I made that I do not want to get involved in it anymore clear last time?'이라는 문장이겠으나, 굵은 글씨를 보면 알다시피 중간에 들어가는 표현이 너무 길어 'clear(명확한)'이라는 표현이 이해가 되지 않기 때문이다.

그렇기 때문에 위 문장같이 말하는 것이 아닌, 'Haven't I made it clear last time that I do not want to get involved i it anymore?'이라고 말하여, '내가 저번에 확실히 말씀드리지 않았나요?'를 먼저 이해할 수 있도록 말해야 한다.

이 챕터에서는 예문 2번과 3번에 대한 연습을 주로 할 것이며, 주어를 it으로 했을 때, 아래와 같은 형태로 진행된다.

형식 it is + 형용사/ 명사 + (for / of) + to-v (가끔 ing)

+ that (등 명사절 whether)

⇨ 시제와 조동사를 통해 바꿔줄 수 있어야한다.

예: It must be, it used to be

이 패턴을 이용할 땐 for과 of의 차이점을 알아야 표현을 더욱 자유롭게 사용할 수 있다.

위 형식에서 for을 사용하면, '~에게는'이라는 뜻으로 해석이 되고, 뒤에 나올 to부정사, 동명사, 명사절이 it과 동일한 것이 된다. 하지만 of를 사용하면, 형용사가 of뒤에 나오는 명사의 한 부분임을 의미하게 된다. 뒤에 나올 to부정사, 동명사, 명사절과 it은 관련이 없다.

예문 1) It is important for me to get the project done on time.

이 프로젝트를 제시간에 끝내는 것이 나에게는 중요하다.

예문 2) It was not so professional of you to argue with a customer.

손님과 말다툼을 하다니 너는 전문가적이지 않구나

예문 3) It is silly of you to say that.

그 말을 하다니 넌 어리석구나.

what vs. that

영어로 '것'은 어떻게 말할까? '것'은 다 같은 것일까?
답은 '아니다'이다.

영어에는 크게 3가지 종류의 '것'이 있다.

(1) 동작을 표현해주는 '것'

이에 해당하는 표현은 '(밥을) 먹는 것', '(영어를) 공부하는 것', '애쓰는 것' 등이 있으며, 동사를 to부정사 혹은 동명사(V-ing)로 바꿔준 표현이다.

(2) 특정 명사를 대체해 주는 '것'

이에 해당하는 표현은 '내가 좋아하는 것', '내가 할 수 있는 것과 없는 것', '그녀가 말한 것', '내가 읽은 것'과 같은 것들을 말하며, 무엇인지는 확실치 않으나 정확한 물체를 가볍게 '것'으로 대체한 것이다. 이는 영어에서 '무엇'이란 뜻을 가진 what이 사용되며, 뒤에 『주어 + 동사』의 불완전한 문장이 와야 한다.

이를 영어로 표현하면, 다음과 같다.

예문 1)　내가 좋아하는 것: what I like

여기서 '것'은 음식일 수도, 연예인일 수도 혹은 그 밖에 다른 명사가 될 수도 있다.

예문 2)　내가 할 수 있는 것과 없는 것: what I can do and can't do

여기서 '것'은 일 (job)일 것이다.

예문 3)　그녀가 말한 것: what she said

어떠한 내용을 말해줄 때도 이렇게 '것'을 사용할 수 있다.

예문 4)　내가 읽은 것: what I read

여기서 '것'은 책, 뉴스, 자료 등 읽을거리 등과 같은 것들이다.

(3) 사실을 말해주는 '것'

주로 believe, know, say 등과 같은 동사 뒤에 '~가 ~하다고'라는 형식으로 말하는 경우가 있다. 이와 같이 어떠한 문장을 명사로 바꾸는 것이 that이다. what과의 차이점은 that은 문장 자체를 명사로 만든 것이기 때문에 완벽한 문장이 온다는 것이다.

이에 해당하는 표현은 '네가 할 수 있다는 것', '그녀가 거짓말을 했다는 것', '내가 책을 읽을 수 있다는 것' 등이 있다. 이를 각각 영어로 말하면,

예문 1)　네가 이걸 할 수 있다는 것: that you can do it

네가 이걸 할 수 있다는 것이 더욱 놀라워!

It is surprising that you can do it!

예문 2) 그녀가 내게 거짓말했다는 것: that she lied to me

그녀가 내게 거짓말했다는 걸 믿을 수가 없어.

I cannot believe that she lied to me.

예문 3) 내가 온다는 것: that I would come

내가 온다는 걸 어떻게 알았어?

How did you know that I would come?

(3)에서 사용된 '것'은 관계사에서 배웠던 that과는 다른 that임을 알아챈 수강생이 있을지도 모른다. 한국어로는 동일하게 들릴지 모르나, (3)처럼 명사로 사용되는 that과 what은 의미가 다르기 때문에 구분할 필요가 있다. 더욱 나아가 what과 that의 차이를 살펴보면, 『what+ 주어 +동사』는 『(주어)가 (동사)하는 것』이라는 의미이고, 이를 관계사 that을 이용해서 말하자면 『the thing that 주어 + 동사』로 바꿀 수도 있다. 즉, 『what + 주어 + 동사』는 『that + 주어 + 동사』가 아니라 『the thing that 주어 + 동사』가 되어야 한다.

이번 챕터에서는 예제 문장을 영어로 말해보는 연습만 해도 괜찮지만, 조금 더 영어를 연습하기 위해 paraphrasing연습을 해보면 좋다. paraphrasing은 문장이 같은 의미를 가지고 있지만, 문장을 아예 바꾸어 말하는 것을 의미한다. 처음에는 간단히 한 두 단어만 바꿔 보는 것도 좋지만, 제대로 하기 위해선 문장 자체를 바꿔야 한다. 만약 해외취업 및 대학을 목표로 하고 있다면 꼭 필요한 연습이기도 하다.

아래 예문을 보며, paraphrasing 개념을 잡고 이후 예제를 통해 연습도 진행해보도록 한다.

예문 1)　나쁜 일이 발생했을 땐, 그냥 생각하지 않는 게 상책이야.
✓ 나쁜 일을 생각해봤자 아무것도 좋을 게 하나 없어.
✓ 나쁜 일은 그냥 잊어버리는 게 좋아.
✓ 나쁜 일은 걱정만 줄 뿐, 이로운 점이 없어.

위 예문 문장은 전부 같은 의미를 가지고 있지만, 문장을 잘 살펴보면 완전히 다른 문장으로 만들어져 있음을 알 수 있다. 각 문장을 영어로 말해보면,

예문 1) It is best not to think about, when the bad things happen.
✓ It is no use thinking about the bad things.
✓ You should just let the bad things go.
✓ Bad things give no good but the worry.

예문 2)　한국에 기회의 평등이 있다고 믿는 건 어처구니없다.
✓ 한국에 기회의 평등 있다고 믿는 건 망상이다.
✓ 한국인 그 누구도 기회의 평등이 있다고 믿지 않는다.

각각 문장의 느낌에 차이가 있을 수는 있으나, 의미를 많이 변질하지 않는 선에서 문장을 만드는 연습이 중요하다. 물론, 처음에 이런 연습이 힘들다면, 위에서 보이는 것과 같이 한국어를 먼저 바꿔보는 것도 좋다.

각 문장을 영어로 말해보면,

예문 2) It is ridiculous to believe that there is the equality of opportunity in Korea.

✓ It is a delusion to believe that the equality of opportunity exists in Korea.

✓ No Korean can see the equality of opportunity.

이러한 연습을 통해 한 문장으로도 여러 문장을 연습할 수 있다. 또한 글쓰기에서 더욱 문장을 다채롭게 사용하여, 독자들이 글을 읽는데 지루하지 않도록 만드는 것도 이러한 연습을 통해 가능하다.

it을 사용하는 이유와 구조를 이해했다면, 다음 문장을 영어로 말해보자.

Day 94 가짜 주어 it 연습 ①

466. 만나서 반가웠어요.

467. 손님의 숙박 정보를 유출하는 건 호텔 정책에 어긋납니다.

468. 잠자러 갈 시간이야.

469. 유럽에서 기차 5분 정도 늦는 건 일상이야.

Challenge

470. 걔가 호텔로 돌아오는 길을 잃어버린 건 별로 놀랍지도 않아.

Day 95 가짜 주어 it 연습 ②

471. 내가 여기를 숙소로 잡은 건 거의 반쯤 우연이었어.

472. 그가 떠난 건 이른 아침이었어요.

473. 전 세계 어디서에나 차별이 존재한다는 건 그 누구나 아는 사실이야.

474. 오늘 그 식당 안 여는 거 거의 확실해.

475. 승자가 다 갖는 건 공정하지 않지.

Day 94 가짜 주어 it 연습 ①

466. It was a pleasure to meet you.

467. It is against hotel policy to give out the stay information of our guests.

468. It is time for you to go to bed.

469. It is ordinary that trains come late for 5 minutes in Europe.

Challenge 470. It is not a big surprise that he lost his way back to the hotel.

Day 95 가짜 주어 it 연습 ②

471. It was kind of coincidence that I chose to stay at this accommodation.

472. It was early this morning that he took off.

473. It is a fact known to everyone that discrimination exists across the world.

474. It is quite certain that the restaurant does not open today.

475. It is not fair that the winner gets everything.

Day 96 가짜 주어 it 연습 ③

476. 더 좋은 관계를 형성하기 위해선 그들의 말을 제대로 듣는 게 중요해.

477. 여기서 일하는 것은 언제나 제 꿈이었어요!

478. 만나서 반가웠어요!

479. 그가 누굴 기다리는 건 매우 이례적인 일이야!

480. 그 명소가 내일 문을 닫는다니 유감이네요.

Day 97 가짜 주어 it 연습 ④

Challenge 481. 해외 여행을 할 땐 여행자 보험 하나 들어두는 건 기본이지.

Challenge 482. 차별을 당하고도 가만히 있는 건 더 이상 미덕이 아니야.

483. 별 이유 없이 약속을 펑크 내는 건 무책임하네요.

484. 나 빼고 그들이 모인 이유는 뻔하지.

485. 나쁜 짓을 안했더라도, 경찰서나 법원에 가는 건 상당히 당황하게 하는 경험일 것이다.

Day 96 가짜 주어 it 연습 ③

476. It is important to listen to them in order to build a better relationship.

477. It has always been my dream to work here.

478. It was great to see you!

479. It is very unusual that he waits for someone.

480. It is unfortunate that the attraction will close tomorrow.

Day 97 가짜 주어 it 연습 ④

Challenge 481. It is quite common to get travel insurance when traveling abroad.

Challenge 482. It is no longer virtuous to stay silent when getting discriminated against.

483. It is irresponsible not to show up for no special reason.

484. It is obvious why they gathered up without me.

485. Even without doing a wrong, it would be a quite bewildering experience to go to a police station or a court.

Day 98 가짜 주어 it 연습 ⑤

486. 일반인에게는 지금 집을 사는 건 감당하기 힘들어.

487. 이렇게 열심히 해도 뱃살이 거의 안 빠지다니 정말 좌절이야.

Challenge
488. 너희들 중 누구도 내 의도를 알아차리지 못하다니 실망스럽구나.

489. 이 동물이 야생에서 살아남는 방법은 꽤나 보기에 흥미롭다.

490. 십대가 이성과 데이트를 하는 걸 금지하는 건 더 이상 현실적인 통제가 아니에요.

Day 99 가짜 주어 it 연습 ⑥

491. 해가 지나기 전에 해리포터 전 시리즈를 보는 게 제가 매년 하는 전통이죠.

492. 10년 전까지만 해도, 피아노를 배우는 것이 더 인기 있었다.

493. 아이폰 9와 10의 차이점은 그다지 없어.

Challenge
494. 도로에 타이어 자국을 봐봐. 그가 충돌을 피하려고 했다는 게 더 그럴듯한 거 같아.

495. 발표 초기에 중요 포인트를 먼저 말해주면 더 시간 절약이 될 수도 있을 거 같아요.

Day 98 가짜 주어 it 연습 ⑤

486. It is not affordable for the general public to buy a house.

487. It is frustrating that I barely lost weight on my waist with such hard devotion.

Challenge
488. It is disappointing that none of you realizes my intention.

489. It is fascinating to see how this animal survives in the wild.

490. It is no longer a realistic regulation to forbid teenagers to date the opposite sex.

Day 99 가짜 주어 it 연습 ⑥

491. It is my annual tradition to watch through all the Harry potter movies before the year passes.

492. It used to be more popular to learn how to play the piano, up to 10 years ago.

493. It is difficult to tell the difference between Iphone 9 and 10.

Challenge
494. Look at the skid marks on the road. It sounds more plausible that he was trying to avoid this crash.

495. It could be more time-saving to give us your main points at the beginning of your presentation.

문장의 시작을 it으로 연습하다 보면 'It is ~'와 'There is ~'의 차이도 궁금해질 수 있다. 'It is ~'는 '~이다'라는 단편적인 뜻으로 이해할 수 있고, 'There is ~'는 '~이 있다'라는 뜻으로 이해하면 쉽다. 'There is ~'의 표현은 말할 때 사용하는 구어체이므로, 공식적인 글에서는 잘 사용하지 않는 표현이다. 이유는 'There is ~'는 편하기는 하지만, 문장을 쓸 때 사용하지 않아도 되는 표현이기 때문이다.

다음 예문을 보며 차이점을 이해해보도록 한다.

예문 1) 그가 너를 속였을 가능성이 있어.

이 문장에서 역시 '가능성이 있다'라는 말을 우선적으로 하고, 이어서 "그가 너를 속였다."를 말해야 한다. 'It is ~'와 'There is ~'를 통해 각각 다음과 같이 말할 수 있다.

It is possible that he deceived you.
There is a possibility that he deceived you.

예문 2) 지인들과 잘 지내는 건 중요하다.

이 문장에서 역시 '중요하다'부터 말하고 '지인들과 잘 지내는 것'을 뒤에 말해줘야 한다. 하지만, 이 표현에서는 'there is ~'의 표현은 사용하지 않는다. 만약 'there is an importance ~'라고 말한다면, '중요함이 있다'라는 말이 되므로, 의미가 달라진다. 그러므로 위 문장을 영어로 말한다면, 'It is important to get along with acquaintances.'가 된다. 중요한 점은 'It is~'와 'There is ~'를 무조건적으로 호환해서 말할 수 있지는 않다.

다양한 비교급 Key Words

더 나쁜: worse
(도덕적인) 죄: sin *동의어: crime (범죄)
속이다: deceive
순진해 빠진: naïve
(사람들이 믿지 않거나, 하기 싫어하는 것을) 주장하다, 고집하다: insist
어리석은: silly
무시하다, 못 본 척하다: ignore
분개하다: resent * resentment N. 분개
(덥고 습하여) 무더운: sweltering

*scorching vs. sweltering
scorch는 '그슬다'라는 의미로 scorching은 '그슬리는'이라는 뜻이 된다.
대개 덥지만 마른 지역, 유럽이나 호주에서 쓸 수 있다.
swelter은 '무더위에 시달리다'라는 뜻으로, sweltering은 '무더운', '찌는 듯한'이라는 의미로,
한국의 여름 날씨나 동남아의 날씨를 나타낼 때 사용할 수 있다.

절망적인, 필사적인, 간절히 원하는: desperate
폐지하다: revoke
경영진: executive *executive Adj. 경영의
무명의, 잘 알려지지 않은: obscure
애매한: vague

as A as B의 관용적 표현

편집하다, 수정하다: edit
(논쟁 등을) 해결하다, 결정하다, 가라 앉히다, 계산하다: settle
간섭하다, 개입하다: interfere
역사적인, 역사와 관련된: historical
정확한: precise
원래의, 원본의: original
재활용가능한: recyclable
눈 먼: blind *blind V. 눈을 멀게 하다
반발력: repulsive power
고문하다: torture
허세: bluff *bluff V. 허세를 부리다
규정, 정책: policy
애매모호한: ambiguous
상쾌하게 하다: refresh

14. 다양한 비교급

비교를 하는 문장은 일상적으로 많이 사용되고 표현방식이 여러가지이기 때문에 크게 3가지로 나누어 보도록 하겠다.

형용사-er & more 형용사

가장 기본적인 비교 방법은 형용사에 '더'라는 의미를 더해주는 방식이다. 이 방식을 배울 때는 비교급과 최상급의 형태를 같이 배워야 한다. 최상급은 '가장, 제일'이라는 표현을 더해주는 방식을 말한다. 형용사 뒤에 -er을 붙이는 것과 형용사 앞에 more을 붙이는 기준은 단어의 음절이다.

1음절 형용사는 비교급의 의미인 '더'를 붙이기 위해 -er를 추가하며, 최상급의 의미인 가장, 제일이라는 의미를 더하기 위해 -est를 붙인다. 만약 -y로 끝나는 경우, y를 i로 바꾼 후 -er 혹은 -est를 붙이도록 한다. 이는 영어에서 y는 본래 i이지만, 단어의 끝에 위치하는 경우 -y로 고치기 때문이다.

단어의 끝이 『모음+자음』으로 끝나는 경우 바로 -er과 -est를 붙이는 게 아닌 단어 끝의 자음을 한 번 더 반복한 후 -er또는 -est를 붙이도록 한다. 이는 『모음+자음+모음』의 형태를 가지는 경우, 앞의 모음의 발음이 바뀌기 때문에 이를 방지하기 위함이다.

아래 예문을 보며, 패턴을 익히도록 한다.

1음절 형용사 원급	비교급	최상급
smart (똑똑한)	smarter (더 똑똑한)	smartest (가장 똑똑한)
weak (약한)	weaker (더 약한)	weakest (가장 약한)
easy (쉬운)	easier (더 쉬운)	easiest (가장 쉬운)
dry (건조한)	drier (더 건조한)	driest (가장 건조한)
thin (마른)	thinner (더 마른)	thinnest (가장 마른)
hot (뜨거운)	hotter (더 뜨거운)	hottest (가장 뜨거운)

2음절의 형용사는 대부분 비교급으로 만들기 위해 '더'라는 의미를 가진 more을 형용사 앞에 추가하며, 최상급으로 '가장'이라는 의미를 가진 most를 붙인다. 하지만 2음절임에도 -y로 끝나는 형용사라면 1음절과 동일하게 y를 i로 바꾸어 비교급과 최상급 각각 -ier, -iest의 형태로 만들어준다. 또한 이 두가지 둘 다 사용될 수 있는 2음절 형용사들도 있다. 이 경우에 해당하는 형용사는 많지 않고, 일반적으로 more과 most를 사용하길 추천한다. 위 내용을 숙지했다면 아래 예문을 보며 패턴을 익히도록 한다.

2음절 형용사 원급	비교급	최상급
careful (조심스러운)	more careful (더 조심스러운)	most careful (가장 조심스러운)
pleasant (즐거운)	more pleasant (더 즐거운)	most pleasant (가장 즐거운)
lucky (운이 좋은)	luckier (더 운이 좋은)	luckiest (가장 운이 좋은)
pretty (예쁜)	prettier (더 예쁜)	prettiest (가장 예쁜)
simple (간단한)	more simple (더 간단한) simpler	most simple (가장 간단한) simplest
handsome (잘생긴)	more handsome (더 잘생긴) handsomer	most handsome (가장 잘생긴) handsomest
clever (영리한)	more clever (더 영리한) cleverer	most clever (가장 영리한) cleverest

3음절 이상의 형용사는 모두 동일하게 비교급의 의미로 나타낼 땐 more을, 최상급의 의미로 나타낼 땐 most를 형용사 앞에 붙인다.

3음절 형용사 원급	비교급	최상급
beautiful (예쁜)	more beautiful (더 예쁜)	most beautiful (제일 예쁜)
expensive (비싼)	more expensive (더 비싼)	most expensive (가장 비싼)
realistic (현실적인)	more realistic (더욱 현실적인)	most realistic (가장 현실적인)
responsible (책임감이 있는)	more responsible (더욱 책임감이 있는)	most responsible (가장 책임감이 있는)

마지막으로 다음 형용사들은 패턴을 따르지 않는 불규칙한 형태로 변하는 형용사이다. 불규칙 안에 규칙이 숨어 있으니 그 패턴을 따라 외우길 추천한다.

불규칙		
good (좋은)	better (더 좋은)	best (제일 좋은)
bad (나쁜)	worse (더 나쁜)	worst (제일 나쁜)
far (먼)	farther (더 먼)	farthest (가장 먼)
	further (더 먼)	furthest (가장 먼)
little (적은)	less (덜)	least (가장 적은)
many (많은)	more (더 많은)	most (가장 많은(음))

이외에도 단어 자체가 비교급의 의미를 지닌 형용사들도 있다. 예를 들면 superior (상위의), inferior (하위의)등이 있다.

다음 예문들을 보며 -er이 붙어야 할지, more을 써야 할지 확인해보자.

예문 1) poor

‘가난한’이라는 뜻을 가진 poor은 ‘oo’가 ‘우’로 발음되는 1음절 형용사이다. 그러므로 more가 아닌 poorer이 옳다.

예문 2) serious

‘심각한’이라는 뜻을 가진 serious는 e, i, ous에서 각각 모음의 발음이 나므로 3음절 형용사이다. 또한 -ous가 붙는 형용사는 길이가 대부분 길기 때문에 -er이 아닌 more을 쓴다. 그러므로 more serious가 옳다.

예문 3) basic

‘기본적인’이라는 의미를 가진 basic은 2음절로 이루어진 형용사이다. 이 형용사는 -er이 붙지 못하고 무조건적으로 more을 붙여서 비교급을 나타낸다. 그 이유는 알파벳 c에 -er이나 -est가 붙이면 발음이 (k)에서 (s)로 변하지만, 이는 본래의 발음과 다르기 때문이다. 그러므로 more basic이 옳다.

다음 형용사들은 자주 사용되는 형용사이니 꼭 알아둬야 한다.

단어	뜻
hilarious	아주 재밌는
ridiculous	어처구니없는, 말도 안 되는
sarcastic	비꼬는, 빈정대는
ironic	역설적인
hypothetical	가설적인, 가상적인
metaphorical	은유의
equivalent	동등한
arbitrary	임의의, 독단적인
plausible	이치에 맞는, 그럴듯한
available	이용가능한

as A as B

as A as B는 -er, more과 달리 '더'라는 의미를 붙여 비교하는 방식이 아닌 감정이나 명사를 동일한 대상과 비교하는 방식이다.

뜻은 'B만큼 A하다'이며, 영어에서는 먼저 'A 하다'부터 말하고 'B만큼'은 두 번째 as 뒤에 위치하여 말해주면 된다. A에는 형용사 혹은 부사를 넣어줘야 하며 B뒤에는 명사 혹은 문장을 넣어주면 된다. 이 챕터에서는 비교대상에 대해 아는 것도 상당히 중요하다

다음 예문을 통해 어떤 상황에서 as A as B비교급을 이용해서 말하는지 보도록 한다.

예문 1) 제가 방금 체크인한 방이 돌만큼 추워요.

이 표현에서 먼저 말해야 할 파트는 '내가 방금 체크인한 방이 춥다'를 말하는 것이다. 영어로 말하면 'The room where I just check in is cold.'가 된다. 그리고 나서, 형용사 cold를 적당한 대상과 비교를 해주면 된다. 일반적으로 얼음이나 돌이 차가운 것에 해당하는 비교대상으로 사용이 된다. 완성 문장을 영어로 말하면 'The room where I just checked in is as cold as stone.'이 된다.

예문 2) 음식이 기대했던 것 보다는 맛이 별로였어.

이 표현에서 먼저 말해야 할 파트는 '음식 맛이 별로였다'이다. 영어로 말하면 'The food was not tasty.'이며, 형용사 tasty를 '내가 기대했다.'와 동급비교를 해야 한다. tasty 앞 뒤로 as를 붙이고 '내가 생각했다.'라는 표현을 넣으면 비교가 완성된다. 완성 문장을 영어로 말하면 'The food was not as tasty as I expected.'가 된다.

예문 3) 이 메시지 보자마자 나한테 연락해.

이 표현은 부사 soon을 이용한 as soon as를 활용한 표현이다. '~하자마자'라는 표현은 이외에도 'right after~', 'the moment~'와 같은 형식으로도 표현이 가능하다. 내가 쓰는 표현이 한 가지일지라도 다른 사람들은 여러 표현들로 말하기 때문에 알아듣기 위해서라도 연습하는 것이 좋다. 이 표현을 부사적 파트인 '이 메시지 보자마자'와 '나한테 연락해'로 나눌 수 있다. '나한테 연락해'를 먼저 말해보면 'call me'가 된다. 명령문이기 때문에 주어는 필요하지 않다. 그리고 '(네가) 이 메시지를 보자마자'를 영어로 하면, 'as soon as you see this message'가 되며, 같은 표현으로 'right after you see this message', 혹은 'the moment (when) you see this message'가 있다.

The 비교급, the 비교급

『The 비교급, the 비교급』은 '더~ 할수록, 더 ~하다'라는 말을 하기 위해 사용한다. 기본적으로 두 문장을 연결한 구조인데, 비교급 형용사(more, happier, more expensive 등)나 비교급 형용사를 포함한 목적어(~을, ~를)에 the를 붙여 문장의 맨 앞에 옮긴 것이다.

구조는 『The + 비교급 형용사 + (명사) + (주어) + (동사), the + 비교급 형용사 + (명사) + (주어) + (동사)의 구조』이다. 같은 패턴을 두 번 반복하는 것이 포인트다. the 뒤에 비교급 형용사만 나오는 경우도 있고 비교급 형용사와 명사가 같이 나오는 경우가 있다.
다음 예문들을 보며 형식을 익히도록 하자. 예문은 이해를 위해 생략이 없는 완벽한 문장부터 나열할 것이다.

예문 1) The more languages you learn, the more various nationalities of friends you can make.

이 표현은 원래 'You learn more languages'와 'You can make more various nationalities of friends'이라는 두 문장이었다. 그리고 동사 뒤에 나오는 비교급 형용사와 이를 따라오는 명사를 같이 문장의 맨 앞으로 가져온 형태이다. 즉 각 문장에서 'more languages'와 'more various nationalities of friends' 을 앞으로 가져오고 the를 맨 앞에 붙임으로써 '너는 더 많은 언어들을 배운다'와 '너의 정신 건강은 더 좋아진다'라는 두 문장을 '더 많은 언어를 배울수록, 정신 건강은 더 좋아진다'라는 한 문장으로 말할 수 있다. .

예문 2) The more I talk with him, the more enthusiastic I get.

이 표현은 'I talk with him more'과 'I get more enthusiastic.'이라는 두 문장을 한 문장으로 합친 문장이다. 각 문장에서 more과 more enthusiastic이라는 두 개의 비교급 형용사를 the와 결합하여 각 문장의 앞으로 도치하여 한 문장으로 만들었다. 즉 '나는 그와 더 대화한다'와 '나는 더욱 열정적이게 되다'라는 두 문장을 '그와 더 대화할수록, 나는 더욱 열정적이게 된다'라는 문장으로 말하는 것이다.

예문 3) The more, the better.

이 표현은 주어와 동사가 생략된 형식으로, 보통 'it is'가 생략된다. 원래 문장은 'It is more'과 'it is better' 두 문장이며, 도치하여 합칠 경우 'The more it is, the better it is'라는 문장이 될 수 있다. 여기에서 'it is'는 별 의미가 없고 없어도 이해할 수 있으므로 예문과 같이 'The more, the better'이라는 문장으로 간단히 말할 수 있다. 즉 '더 많다'와 '더 좋다'를 순서에 맞게 합치면 '더 많을수록, 더 좋다'라고 말할 수 있게 된다.

Day 100 비교급 연습 ①

496. 그녀보다 더욱 현실적인 사람은 없을 거야.

497. 늦어도 저녁 6시까지는 다시 이 자리로 돌아오셔야 해요!

498. 저 사람이요? 세상에서 3번째로 가장 못된 사람이에요, 마이클보다 더요.

499. 남을 속이는 것보다 더 큰 죄는 없을 거야.

500. 우리가 지난번에 먹었던 것보다 조금 더 맵네.

Day 101 비교급 연습 ②

501. 맙소사! 넌 내가 생각했던 것보다 더 순진해 빠졌구나!

502. 지금 네가 우기는 건 5살짜리가 하는 말이나 진배없어.

503. 더 많을수록 더 좋죠.

504. 바쁠수록 시간은 더 잘 가요.

505. 더 많이 일할수록 친구들은 더욱 줄어든다.

Day 100 비교급 연습 ①

496. No one can be more realistic than her.

497. You should come back here no later than 6 in the evening.

498. That guy? He is the third-worst guy in the world, even worse than Michael.

499. There will be no greater sin than deceiving others.

500. It is a bit spicier than we had last time.

Day 101 비교급 연습 ②

501. Oh my god! You are more naïve than I thought.

502. The thing that you are insisting on is no better than a 5 year old.

503. The more, the better.

504. The busier, the faster time goes.

505. The more you work, the less friends you have.

Day 102 비교급 연습 ③

506. 무시하려 하면 할수록 더욱 신경이 쓰여.

507. 조크는 멍청할수록 더 재밌죠.

508. 더 열심히 일할수록 일은 점점 더 많아지는 것 같아.

509. 인기가 많을수록 말을 더 조심해야 해요.

510. 더 연구할수록 더 좋은 결과가 나온다.

Day 103 비교급 연습 ④

Challenge

511. 부정적인 소식이 더 들릴수록 사람들은 더욱 분개하고 있어.

512. 오늘 소고기는 지난번에 먹었던 것만큼이나 육즙이 많네!

513. 여긴 언제나 한국 7월 날씨만큼이나 후덥지근하네.

514. 그들은 할 수 있는 한 최선을 다 했어.

515. 사실 난 이렇게 신나게 놀아본 적은 처음이야.

Day 102 비교급 연습 ③

506. The more I try to ignore it, The more it catches my eyes.

507. The sillier, the funnier the joke is.

508. It seems the harder I work, the more work I get.

509. The more popular, the more careful you should be with words.

510. The further you study, the better the result will come out.

Day 103 비교급 연습 ④

Challenge
511. The more negative news comes out, the more people resent.

512. Today's beef is as juicy as the one that we had last time.

513. Here is always as sweltering as July in Korea.

514. They have done their best as far as they could.

515. As a matter of fact, I have never hung out as excitingly as now.

Day 104 비교급 연습 ⑤

516. 결과를 받자마자 나에게 메시지 해!

Challenge
517. 지금 여기 그 누구도 그보다 더 간절한 것 같진 않아.

Challenge
518. 난 최대한 열심히 네 변호를 했는데, 상부의 결정을 취소시키진 못 했어.

519. 그 어느 연예인도 그만큼 오랫동안 무명생활을 하진 않았을 거야.

520. 제 대답은 그의 대답만큼 애매모호하진 않았을 텐데요.

Day 105 비교급 연습 ⑥

521. 더 큰 힘을 가하면, 반발력이 더 커집니다.

522. 결국 이번 여행에선 생각했던 것보다 훨씬 많이 음식에 지출했어.

523. 해보면 해볼수록 더 익숙해지네요.

Challenge
524. 알렉스가 운전하는 게 하는 것보다 더 고통스러운 건 없을 거야.

525. 지금 후라이드 치킨을 시킬지, 양념 치킨을 시킬지 정하는 것보다 더 중요한 게 어딨니?

Day 104 비교급 연습 ⑤

516. As soon as you get the result, message me!

Challenge
517. No one here seems as desperate as him.

Challenge
518. I defended you as hard as I could but was not able to revoke executives' decisions.

519. No entertainer would have been obscure as long as he had been.

520. My answer was not as vague as his.

Day 105 비교급 연습 ⑥

521. The harder you push, the stronger the repulsive power gets.

522. I have spent much more on food than I expected on this trip.

523. The more I try, the more I get used to it.

Challenge
524. There would be nothing more torturing than having Alex drive.

525. What is more important than making a decision between fried chicken and spicy chicken?

Day 106 비교급 연습 ⑦

526. 저건 그냥 허세에 불과해.

Challenge
527. 만약 취소규정에 이 조항이 들어갔으면 지금만큼 애매모호하지는 않았을 거 같아요.

528. 오늘만큼 상쾌했던 적은 처음인 거 같아요.

529. 와. 그녀는 내가 저번에 봤던 것만큼이나 아직 귀엽구나!

530. 누구도 나만큼 많이 창피했던 사람은 없었을 거야!

Day 107 비교급 연습 ⑧

531. 이 아이디어는 생각할수록 더 엄청난 거 같아요.

532. 그 어느 팀도 우리가 해낸 만큼 할 수 없었어.

533. 엘리베이터 대신 계단을 걷는 것은 매일 수영하는 사람만큼이나 폐활량을 늘려주는 것으로 보인다.

534. 더 큰 피해를 입은 사람에게 더 많은 보상을 해주는 게 더 적절하게 들리네요.

Challenge
535. 불이 옆 건물로 번졌으면, 지금보다 훨씬 더 안 좋았을 수도 있어.

Day 106 비교급 연습 ⑦

526. That is just nothing more than a bluff.

Challenge
527. If this article had been placed under the cancellation policy, it would not have been as ambiguous as now.

528. I have never felt as refreshed as today.

529. Wow! She is still as lovely as I saw last time.

530. No one would have been as much embarrassed as I was.

Day 107 비교급 연습 ⑧

531. The more I think of it, the more tremendous the idea is.

532. No team was ever possibly able to do as far as we made.

533. Taking stairs every day instead of an elevator seems to increase lung capacity as effectively as someone swimming every day.

534. It sounds more appropriate to give the one with more damage better compensation.

Challenge
535. It could have been much worse than now if the fire had spread out to the next building.

as A as B의 관용적 표현

as A as B의 몇몇 표현들은 그 자체의 뜻 이외에도 관용적인 표현을 가지는 경우가 있으며, 이 경우에 뜻이 다르게 변한다. 이해하려고 하기보다는, 이 표현들을 먼저 문장에 넣어 다양한 문장으로 말해보는 것이 더욱 효과적이다.

(1) as long as: ~하는 한 (=if), ~만큼 긴

예문 1) 방에 빛만 들어오면 식물들은 잘 자랄 거야.

as long as는 가정을 나타내는 표현 중 하나로, 보통 '~하는 한, ~할 거야.'와 같은 문장을 말할 때 사용할 수 있다. 위 문장에서 가정은 '방에 빛만 들어오면'이라는 표현이며, 이때 as long as를 사용하면 된다. 이를 영어로 말하면 'As long as there is a light in the room, the plants will grow fine.'이 된다.

예문 2) 그의 강의는 영원토록 끝나지 않을 듯했다.

as long as는 예문 1과 같이 가정의 상황에서 사용할 수도 있지만, 그리고 대부분 그런 상황에서 사용하겠지만, 동급으로 비교를 할 수도 있다. 위 문장의 핵심은 '그의 강의는 영원과 같이 길다'라는 동급 비교를 하는 것이다. 즉 끝나지 않는다는 것은 영원히 지속된다는 말과 같게 생각할 수 있기 때문에, 『강의 = 영원』이라는 생각을 가지고 문장을 말해야 한다. 이를 영어로 말하면, ‘His lecture seems to continue as long as eternity.’가 된다. eternity라는 표현 대신 비슷한 표현을 넣어도 된다.

(2) as far as: ~하는 한 (=as long as), ~만큼 멀리(=‘~와 같은 거리까지’)

예문 1) 실현 가능하다면, 계획을 실행해도 좋습니다.

as far as는 as long as와 같이 ‘~하는 한’이라는 가정의 표현을 쓸 때 사용할 수 있다. 이 문장을 말하기 위해선, ‘실현 가능한’이라는 형용사 feasible을 알아야 한다. 위 문장에서 가정은 ‘실현 가능하다면’이며, 이 때 as far as를 사용해서 ‘as far as it is feasible’이라고 말하고, 이어서 ‘계획을 실행해도 좋습니다’를 말하면 된다. 이를 영어로 말하면 ‘As far as it is feasible, your plan is good to go’가 된다.

예문 2) 우리는 땅 끝 마을까지 쉬지 않고 운전했어요.

as far as는 ‘~하는 한’이라는 가정의 의미 이외에도 ‘~만큼 멀리’, 즉 ‘~와 같은 거리까지’라는 뜻으로 사용할 수 있다. 위 문장에서 ‘땅 끝 마을까지’가 as far as를 쓰는 표현이고, 여기에 ‘우리는 운전했다’라는 『주어 + 동사』의 문장을 말하면 된다. 이 문장을 영어로 말하면 ‘We drove nonstop as far as the village in the tip of land’가 될 것이다.

(3) as good as: ~와 거의 같은

예문 1) 그들의 독점적 우위는 이제 거의 끝난 거와 같다.

as good as는 '좋은'이라는 의미라기보다는 '~와 거의 같은' 즉, 영어로는 'as nearly same as'과 비슷한 의미이다. 위의 문장에서 비교는 '거의 끝난 것과 같다'라는 표현으로, '끝났다'의 의미는 영어로 done이 적절하겠다. 위의 문장을 영어로 말하면 'There monopolistic supremacy is as good as done now'가 된다.

예문 2) 아이들이 밖에 있을 땐, 아주 얌전하게 있었어요.

as good as는 다양한 관용적 표현이 있는데, 그중 '얌전하게 있는'이라는 표현이 있다. 영어로는 'as good as gold'이며, '금과 같다'라는 표현이 '얌전하게 있다'라는 의미를 가진다. 이는 경제적인 관점에서의 금을 뜻한 것이기 때문에, 굳이 표현 자체를 이해하기보다는 일단 사용해보며 뜻에 익숙해지길 바란다. 위의 문장은 '아이들은 매우 얌전하게 있었다, 그들이 밖에 있을 땐.'으로 말하면 되겠다. 영어로 말하면 'Children were as good as gold when they were outside.'가 되겠다.

(4) as well as: 그리고, 동시에, ~만큼 잘

예문 1) 나는 그녀만큼 발표를 잘하지는 않아요.

as well as는 그 자체의 뜻으로 '~만큼 잘'이라는 뜻을 가지고 있다. 관용적인 표현이 아니기 때문에 as A as B에서 배운 내용 그대로 적용해 위 문장을 말해보면 'I don't do presentation as well as her'이 된다.

예문 2) 그는 매우 진중하고 매력적으로 보여요.

as well as는 '그리고', 혹은 '동시에', '또는'이라는 의미로 이해하면 된다. 즉 and 혹은 also와 비슷한 의미를 가지기 때문에 접속사로 이해해야 한다. 위 문장을 영어로 말하면 'He looks prudent as well as attractive.'가 된다.

Day 108 as A as B의 관용적 표현 연습 ①

536. 나에게 이 강아지는 지난 10년 넘게 가족과 같았습니다.

537. 우리가 행복하다는 게 중요한 거지.

538. 사람들이 믿는 한, 투자는 계속될 거야.

539. 도움이 필요할 때 뒤돌아보면 내가 있을 거야.

540. 네가 영상 편집처럼 무거운 프로그램을 돌리지 않는 이상, 컴퓨터는 잘 돌아갈 거야.

Day 109 as A as B의 관용적 표현 연습 ②

541. 네 요청은 이미 처리된 거나 마찬가지야.

542. 내가 기억하기로는 어제 여기 들어온 사람은 없습니다.

543. 모든 게 다 잘 통제되면 난 안 끼어들 거야.

544. 내가 생각했을 때, 우리 그룹은 유적지 투어에 별로 흥미가 없을 거 같은데.

Challenge
545. 앨리슨은 결국 대학교에서 관광학을 가르치게 되었는데, 호텔리어로서의 인생은 거의 끝난 거나 다름없죠.

Day 108 as A as B의 관용적 표현 연습 ①

536. This dog has been as good as my family for over last 10 years.

537. As long as we're happy, that's all that matters.

538. As long as people believe in it, the investment will keep continuing.

539. Whenever you need help, I will be there as long as you turn around.

540. The computer will work fine, as long as you do not run a heavy program like image editing.

Day 109 as A as B의 관용적 표현 연습 ②

541. Your request is as good as settled down.

542. As far as I remember, there was no one entering here yesterday.

543. As long as everything is under control, I will not interfere.

544. As far as I am concerned, none of the group members would be interested in a tour of historical site.

Challenge
545. Alyson ended up teaching tourism at the university, which is as good as the end of her career as a hotelier.

Day 110 as A as B의 관용적 표현 연습 ③

546. 너무 정교하게 만들어져서 진품이랑 정말 똑같네요.

547. 기억력이 예전 같지 않네.

548. 제가 알기로는 이런 색이 있는 페트병은 재활용이 안될 거예요.

549. 그럴 리가 없는데, 걔 대학교 땐 정말 얌전했어.

Challenge
550. 너는 안경이 없으면 앞도 못 보면서 무슨 생각이었던 거야?

Day 108 as A as B의 관용적 표현 연습 ③

546. It is made precisely and as good as the original.

547. My memory isn't as good as it once was.

548. As far as I know, these colored pet bottles are not recyclable.

549. That cannot be true; She was as good as gold back in University.

Challenge
550. Without the glasses, you are as good as blind. What were you thinking?

Jacob Um(엄현수) 지음

2010년도에 호텔리어가 되기 위해 스위스 호텔 학교로 유학을 떠났고 해외 호텔들에서 호텔매니저로 일했다. 한국에 돌아와서도 호텔리어로 일할까 했지만 영어에 어려움을 겪는 사람들이 많은 것을 보면서 나의 경험을 나누는 일을 시작했다. 영어 강의를 시작하면서 다양한 언어의 특징과 방식을 분석했고, 특히 한국인이 영어로 말할 때 못하는 것과 개선책이 떠오르기 시작하면서 나만의 영어공부법을 정리하게 되었다.

나는 한국에서 영어교육을 받았고, 언어에 재능있는 사람은 아니었다. 해외에서 일하면서 영어 때문에 너무 스트레스를 받아 집으로 돌아가던 길에 장이 꼬였던 적이 있을 만큼 언어가 힘들었고, 발음 때문에 고생도 많았고, 하고 싶은 말을 제대로 표현하지 못해 차별을 받기도 했다. 영어를 배우는 과정에서 겪을 수 있는 일은 대부분 경험했기에 처음 영어를 공부하려는 사람들이 고충이나 문제점을 누구 보다 잘 이해하고 있다. 이 책을 반복 연습하면서 자신감을 키우고 영어를 마스터해서 보다 넓은 세계로 나아가시길 바란다.

블로그

하루 영어 5문장

초판 발행 2021년 11월 15일

지은이 엄현수
펴낸이 정유진
편 집 구웅희
디자인 hartbak design
펴낸곳 노북(no book)
주 소 서울특별시 서초구 강남대로3길 8 11층
전 화 031-8025-9200 팩 스 050-4211-8560
https://blog.naver.com/nobookorea
이메일 nobookorea@gmail.com
출판등록 2018년 7월 27일 제2018-000072호
인 쇄 새한
ⓒ 2021 엄현수, Published by no book, Printed in Korea

+ 이 책은 저작권법에 따라 보호받는 저작물이므로 무단 전재와 복제를 금지합니다.

+ 잘못 만들어진 책은 구입한 곳에서 교환해드립니다.